U0932599

# 山水黔桂

# 小康路

## 国家林业和草原局定点扶贫县生态扶贫采风散记

国家林业和草原局宣传中心
中国林业文学艺术工作者联合会 编

中国林業出版社

**图书在版编目（CIP）数据**

山水如画小康路：国家林业和草原局定点扶贫县生态扶贫采风散记 / 国家林业和草原局宣传中心，中国林业文学艺术工作者联合会编 .—北京：中国林业出版社，2021.6

ISBN 978-7-5219-1120-6

Ⅰ . ①山… Ⅱ . ①国… ②中… Ⅲ . ①农村—扶贫—概况—贵州②农村—扶贫—概况—广西 Ⅳ . ① F323.8

中国版本图书馆 CIP 数据核字（2021）第 061033 号

**中国林业出版社**

撰　　稿：张华北
摄　　影：耿大鹏
责任编辑：于界芬　徐梦欣
电　　话：（010）83143569

---

出　　版：中国林业出版社（100009　北京西城区德内大街刘海胡同 7 号）
网　　址：http://www.forestry.gov.cn/lycb.html
发　　行：中国林业出版社
印　　刷：河北京平诚乾印刷有限公司
版　　次：2021 年 6 月第 1 版
印　　次：2021 年 6 月第 1 次
开　　本：700mm × 1000mm　1/16
印　　张：10.75
字　　数：120 千字
定　　价：68.00 元

# 前　言

林草生态扶贫是国家林业和草原局按照习近平总书记关于坚决打赢脱贫攻坚战、全面建成小康社会，实现第一个百年奋斗目标要求，开展的一项长期重要工作。长期以来，国家林业和草原局通过生态补偿扶贫、国土绿化扶贫、林草科技人才和生态产业等扶贫政策措施，持续帮扶贫困地区，特别是不断加大对定点扶贫县的生态扶贫力度，久久为功，取得了丰硕的生态扶贫成果，不但为贫困地区农民百姓脱贫致富奔小康作出了重要贡献，而且为当地经济社会的高质量发展奠定了坚实基础，形成了我国独具特色的生态扶贫样板。

2020 年，是全面建成小康社会的收官之年。为贯彻中央扶贫攻坚宣传部署和国家林业和草原局关志鸥局长关于讲好生态扶贫故事的要求，我们于 2020 年 11 月组织文学、摄影等艺术家和网络媒体记者深入国家林业和草原局四个定点扶贫县——贵州省独山、荔波县和广西壮族自治区龙胜、罗城县，进行生态扶贫采风采访。艺术家和媒体记者走进油茶、刺梨、铁皮石斛和柚子、柑橘等林下经济种植示范基地，以及林产品加工企业、扶贫车间和生态旅游景区，进山踏林、走村入户，采访扶贫挂职干部、驻村第一书记、扶贫企业负责人、村集体合作社和致富带头人及脱贫村民，挖掘林草生态扶贫典型经验，提炼生态扶贫精神，创作了讲述精彩生态扶贫故事的文学和摄影艺术作品，现编辑出版《山水如画小康路——国家林业和草原局定点扶贫县生态扶贫采风散记》一书，以展现林草生态扶贫那些令人感动的事和人。

编　者

# 目　录

山 水 如 画 小 康 路

# 风鹏正举看荔波

——国家林业和草原局定点扶贫县

荔波生态扶贫采风散记

樟江由月亮山南麓山林里起源，在荔波城弯转成大 S 形向西南流去。隔河望去，一弯河水环绕半城，河面映着西下的银光，沙洲将河流挤瘦，一小沙洲犹如落入河心一片柳叶。古镇城区白墙黛瓦，银白色勾勒出屋顶的鲜明轮廓。河上巨型的红双环连起拉线，琴弦般拉起一座跨水的大桥，楼宇在城中点缀出现代的风格。远山峰峦逶迤呈环抱之势，为小城竖立一环温馨的屏障。

东方人崇尚宝石，宝石中最为珍贵者为绿宝石。把荔波之美，视为“地球上的一颗绿宝石”确不为过，山之青，水之绿，凝结出黔南最美的珍奇。大自然的巨手是神奇的，它以伟大的创造力把荔波打造成绿色的世界。荔波人称荔波有三个 18，人口 18 万、年均气温 18 摄氏度、每立方厘米负氧离子 18 万，全国卫生城、文明城并非梦境中虚幻的桂冠。但这颗绿宝石也曾有蒙尘的不堪岁月，20 世纪 50 年代，急功近利的人们，在一场全民大炼钢铁的运动下，举起锯斧走向林区，向深山老林疯狂地围剿。一株株几十年上百年的树木呻吟着轰然倒地，它们被一段段截成柴块填进土高炉的灶膛。炼钢运动后，从那时起的 30 多年里，山林里斧锯声不绝于耳，30 余家木材公司和专业户驱使着伐木的“森老虎”大显神威。每年 3 万多立方米的木材被运出大山，“木头财政”像巨大的支柱支撑起荔波的经济大厦。

大自然是眷顾这方土地的，和山上的森林财富一样，地下也埋藏了丰富的黑金般的煤炭。1000 多家煤矿煤窑蜂拥而上，向地下要钱，每年 200 万吨优质煤炭被掏出大山的肚腹。车辆隆隆，烟尘滚滚，粗放和无序的开采，加之大批的木材也用作支撑坑道的坑木，森林锐减，地上地下双重的摧残，使荔波生态环境每况愈下。

山如父，河如母，山河父母被折磨得千疮百孔。原本脆弱的喀斯特地貌，半数的山地石漠化和潜在石漠化，过度采伐与开垦、山火四起、肆意的放牧、沙土的滥挖，人类无节制的恶行，加剧了水土流失，袒露出石漠化肌肤。疮痍满目的躯体一处处塌陷、一处处污水横流。那条南北贯穿于荔波的母亲河樟江，悠悠 300 余里，古木参天难寻，山清水秀不再。河道淤积，河岸线任性地变形，生态恶化，下游人们见不到清澈的河水。没有了两岸林木的围护，樟江被激怒了，它改变了温顺的面孔，让洪水咆哮奔涌而下。原本繁茂的森林已无树木可采，覆盖率骤降至 51.3%，大地父母亲已是衣衫褴褛。大山里的子民们痛楚着走进贫困的巷道，曾经荔波人引以为荣的紧紧依赖的“木头经济、黑色经济”像大厦轰然崩塌，辉煌不再。

当荔波人开始认识到生态环境的重要时，那恢复和补偿的代价又何其巨大，如一座座大山压在荔波人心上。治理、保护樟江流域生态环境，已是迫在眉睫。20 世纪末，保护森林资源的“一保护、两禁止、三关闭”严令出台。即保护水源涵养地，禁止采伐天然林和放火烧山，关闭林工商公司和杂木、木炭市场。目标直指国家最佳的生态县、公园县、旅游县。21 世纪初，保护樟江母亲河、保护沿河生态也当然地成为全县人民共识。

一场声势浩大的林业生态恢复和保护战役拉开战场。世界银行造林工程项目落户在荔波，科技造林引进了山区，6100 多公顷的荒山布满了森林，1400 多户贫困户增加了收入。1998 年开始，国家痛下决心，全国天然林保护工程在千山万水间实施，荔波人不辱使命，在那些岌岌可危的天然林区封山育林、人工造林近 5 万亩。樟江由荔波起源穿行巍巍九万大山汇入珠江，山系雄奇，山川秀美，生态建设不仅为荔波也为广西广东、珠江防护林与九万大山工程响起了号声。造林、营林，35 万亩山林换上了新装。伴随着国家西部开发战略，退耕还林的重大决策得到山区人民的拥护。20 年，弹指一挥间，荔波人负重前进，广袤的山地里 21 万亩森林拔地而起，湿润的气候、富氧的空气、水源涵养、水土保持能力让荔波的山更青、水更绿。10 万亩经济林、果林也给农民带来希望。农民在国家直接补助、林下经济、林业务工中得到实惠，每年 2.3 亿多元增添到农民致富的钱袋中。长期困扰荔波人的石漠化，在中央 5000 万元资金的注入下得到全面治理。封山育林造林，村民放下了割草的镰刀、牵走了吃草的牛羊、放下了砍树的利斧、挂起了砍柴的砍刀。坡耕地上蜜柚金黄、血桃熟红、茶园碧绿、刺梨花红。14 万亩精品水果和特色经济林令农民喜笑颜开。石漠化面积减少 247 平方公里，荔波人勤劳的双手遏制了石漠化扩展的意图。

已是霜降节之尾，花红原生态刺梨公司基地小楼建在一个平坦的山顶，屋后的更好坡向两侧环抱，向前可见东南方的远山，南望即是甲良镇石板村。已过了收获季节，满山的刺梨已退去了采摘时的繁华，林间悬挂的黄色防虫板依然可见。半个月前，刺梨树硕果累累，缀满枝条，那时农民工收果正忙，一车车刺梨果由这条山路运去加工的厂家。已过不惑之年的总经理陈绍境，是土生土长的荔波人，1996 年供销社的铁饭碗被打破，他毅然走上了创业的道路。他卖过服装，开过车，经销过木材，承包过工程。目睹山林的减少、石漠化的加剧，一腔热血化作责任感，大山生态需要恢复！他承包山地造林，谁知一把山火烧掉了他的希望。2014 年，在龙里县看到刺梨的种植，启发了他新的创业梦。这里的山地海拔近千米，曾经种植桉树、马尾松，桉树经霜易死，马尾松不适宜高海拔山地。他流转农民土地，种下 5100 亩刺梨，在山上扎起帐篷，吃住在山上，像一个大山儿子守护着希望之树。

陈绍境深知，种植企业的发展需要与时俱进。2017 年，他转变种植模式，公司加基地加农户，让农民的土地转变为股份，农民成了股东。尤其贫困户不仅可得自身土地 30% 产品收益，还能日常务工。种自己的地，领公司的钱，分公司的红。也是那一年，公司的小楼房建起来了，贫困户们在公司楼前领工资、分红，捧着大沓的百元大票眉开眼笑，25 户贫困户全部脱掉贫困的帽子。

陈绍境打开了一盒刺梨果汁，倒入纸杯让大家品尝。果汁略酸甜，清凉可口，像刺梨专家樊卫国所评价过的“口感最好，风味很好”，鲜果和果汁畅销各地。这里也令州、县林业部门注目，已是刺梨病虫害绿色防控示范点。52 盏太阳能诱虫灯、5

万张防虫板，营造一个令消费者放心无污染的生态果林。让陈经理兴奋的是，人民敬仰的共和国英雄钟南山，成为贵州刺梨饮料的代言人。看到这片荒山的变迁，陈绍境充满着喜悦心情，农民脱贫奔小康不仅是国家的责任，也是一个有良知的企业家的责任。他说还要扩种 1000 多亩，自己建设一座刺梨加工厂，让大山生出金生出银。

登上佳荣镇大山山腰，两侧大山雄姿巍峨，分列向上。看远，大山三层四层是由深绿至朦胧的淡蓝，如一幅山水画由浓到淡恰到好处的晕染。马尾松由山脚到山顶密布山峦，看不见一小片裸露的山体，几十年过去，树木感恩着人们已茁壮成林。林业站长潘建雄谈起这林地变迁，50 多万亩林地已是浩瀚的绿海，森林是人类和野生动物的共有家园，但以往煤矿开采时，大山里乌烟瘴气不得安宁，加之盗猎的枪声不绝，野兽避之远远，难见踪迹，如今野猪、猴子诸多动物又回来了。刚才，他还看见一群四五十只的猴群。

由一条不宽的水泥路走到下一道山沟，就是甲料村更折组铁皮石斛种植基地。山坡上杉树和各种树木间的空隙已被蕨草、藤蔓等草棵占领，高低不一的树桩已长满苔藓，看不出它们的枯干。近前，木桩上绑有的丛生的石斛长出小片的青叶，有的顶尖是一两片红嫩的小叶，略有折皱的铁青或熟红茎秆有着生机。树木上大多绑扎了石斛，石斛在这天然环境下寄生，得风得雨，吸取着大自然的精华，长成价值不菲的保健药材。基地总经理田正强，敦实的身材，穿一身普通的黑皮面夹克衫，小平头下是一副白净的娃娃脸，温文敦厚，说话伴着微笑。他在树桩上慷慨地轻轻掐下了几支石斛尖，让人们品尝。慢慢咀嚼中，满口是黏意的甜香。一块蓝色铁板标牌竖立山坡边，这里也是贵州考试院资助的校农结合基地。沟底的一片平地上，排列十多个大棚，乌黑的遮光网虽然难看，但棚中却是另一番景象。四排铁架床顺向排列，上面铺一层潮湿木屑，种植了幼小的石斛苗，苗茎上的小叶深绿。悬吊的水管会按时洒水，保持着湿度。通道上已长出了稀疏的绿草。

田正强把石斛苗子卖给农民，手把手教他们在大树上绑扎、管护。6 月石斛开花了，一谷的美艳、花香，那时是一条绚丽的七彩谷。干花是可以作珍贵茶品的，每斤能卖到 1.2 万元到 1.6 万元，也是农民的一笔好收入。正强自己种了 500 亩石斛，当地气候 5 月热，8、9 月凉爽，显著的温差促成优良品质，深圳的客商慕名而来签订了长期订货合同。石斛的种植管理必须精心，正强将石斛种植承包给贫困户和农民管理。老鼠是很喜欢吃高营养的石斛的，一大片石斛种植林，会在一个星期被它们吃光。正强的奖励办法十分奏效，除拿到一份工资，超定额的亩产还会奖励 30% 的经济效益，家乡的贫困户在他的带动下脱离了贫困。几个大棚里是种植的香菇，枫香、丝梨木等树桩交叉斜立，接种的菌苗已萌出了小香菇，有的已是待收的大片香菇。香菇如小扇又如大耳，边沿或平或翘，中部棕黄，周边色浅，菌边一圈白线，菌面上点点白斑，如画家随心所欲点缀而出。山沟上有水管横空而过，那是基地的引水管，由山上的泉水引来，甘甜的森林之水滋润着这些珍贵的植物。

田正强大学毕业后在省城一家公司打工，他喜欢钻研软件，所有软件被他熟练地掌握。之后跑工地，谈协议，练就了一副好口才，随后有了资金基础自己办起了装饰公司。当他回到家乡，发现种植石斛这一致富门路，毅然回来种起了石斛，不仅为自己，更要为这一方乡亲摆脱贫困勤劳致富。

午饭是在热情的正强老家吃的，自家酿的酒、自家的香菇、自家的青菜还有肉。一个地锅热气腾腾，菜香酒香弥漫在楼上。邻居田树和一家 7 口，原是长期吃低保的贫困户。在正强的帮助下和儿子种上 6 亩大棚石斛、56 亩林下石斛，2019 年成了脱贫致富的光荣户。他和媳妇拿来了自家酿的酒，远方的客人不喝上一杯是不能走的。

朝阳镇农耕文化园里，坐落着亿隆之家农业科技有限公司。水果加工灌装车间里一尘不染，静等着加工季节的来临。产品展示室里却是琳琅满目，最著名的产品是青梅精，包装小纸盒上印有精美的图案：一道曲水由远山而近，穿小七孔桥又过一桥漫开，沿途橙黄绿粉彩色的树丛点缀，圆月中一鹤飞过一鹤紧跟。一枝青梅横生，叶如小蝶，果如绿玉。精致异常的小盒怎不会勾引起人们爱美的欲望。室内上百种产品现代风格的包装瓶盒精美绝伦，令人目不暇接。青梅，自古荔波就有种植，50 多年前也有大面积栽种。亿隆之家依托古梅园，发展兰鼎山青梅种植基地 1 万余亩，引进现代提炼技术设备，反复浓缩制成高端青梅精产品，畅销全国和东南亚。青梅精那美容养颜、调节血压、改善肠胃、预防结石、提高免疫力等诸多神奇功能，吸引着现代人将其作为最佳保健品。浑然天成的青梅系列产品也带动了农民致富的一个产业，每年 500 个就业岗位让一大批贫困户脱贫。公司获得了农民的赞许，成了黔南州农业化重点龙头企业。

在鲁翁柚子基地公司的小山顶向周边看去，北有大山高耸，由东向西三面环绕着低山，600 多亩柚子林地即在这些山坡上。柚子已过了采摘季，但年轻的总经理韦敏特意留下一些挂果的树，给来访的参观者采摘。柚子树修剪成两三米高，密叶中柚子悬挂，或两个一组，或三个、四个。成熟的色泽是淡黄，丰满圆润，令人感动这小小枝干的倾情献出。还有许多棕红纸套蒙住了柚子本色，无论你从何种角度看去，也都是富足般的世界，林里黄的红的挂满的是沉甸甸的喜悦。这里也是亿隆之家的蜜柚直供基地。从这里向四周扩展，蜜柚的山地连着板母、拉岜，组成一庞大的精品水果蜜柚园。

站在新寨村半山顶望去，远山绵延，峰峦起伏，如隐约里涌动多姿的波浪。近山横亘一览无余，新寨村就在左侧的一箭之地。新寨 4500 亩的枇杷组成了极有规模的阵势，或沿梯田成行，或在坡地疏散布绿。山顶有林木，山中有竹林，山下有小溪绕行。枇杷树正在花期，每幼枝三五片嫩叶上挺，花枝秀出，每花枝又生出七八组花蕾小枝。簇簇花蕾朴素的土黄，鼓胀如豆，有的已经开出白花，花蕊金黄，暗香盈盈，如白蝶闻香齐附。枇杷是水果中的精品，营养丰富。每年湖南的客商来到这里，拉走一车车“五星枇杷”。枇杷种植让新寨人每年增收 1000 多万元。

新寨村，确实让人耳目一新，黛瓦下的白墙已被一展身手的大学生们挥彩画满：恐龙在幽深的森林里目不转睛地望着游人，大猩猩手抓树枝在林中呼喊，一对鹦鹉双双踏枝而唱，长颈鹿由窗中伸出长脖要吃树上枇杷，瀑布由墙上倾泻而下。忽然闻得有水声，转身寻觅却是村下的小溪水流。时有农民的小卧车驶进村来，这里已不再有贫困的痕迹。

一条小公路盘桓上坡，大片油茶树已进入花期。半山望过去，突兀而起如卧龟的玄武山窥视这片万亩油茶基地。2014 年至 2015 年，尧山富侬生物科技公司油茶基地在此落地，5 年过去，产量已达到 20 万斤。流转了农民的荒山地，上百农民来到这里管护、采摘，半数的贫困户在家门口就能挣到不菲的工资，还有每亩一年 50 元的流转费收益。如今满山茶树已葱茏，茂密翠叶里，叶片椭圆，厚实油亮，叶边如彩笔勾勒出的黄。花蕾在胀，茶花在放，五六片花瓣围黄蕊展开，一树树如翻飞的白蝴蝶。深秋时节荒草已是枯黄，但仍不失侵城掠地的气势。管理负责人代世国和几名工人在割草，要给树下清理出一片片安宁沃土，并不忘斩杀那些乘虚而入布开一地黄果的喀西茄，那是疯长的外来植物，绝不可留。工人由山顶背来半袋漏摘的油茶果，抓出一把，青红的、绿的，已开裂的，大若乒乓，小如鹑卵。掰开一个还是红皮略生的果子，里面的黑仁闪着油亮。

十年间荔波林业生态产业的发展，打造了特色经济林，带领群众脱贫致富。精品水果、青梅、油茶、刺梨已达 23 万多亩。扶贫产业的林下经济方兴未艾，铁皮石斛、马尾松野生菌、林下养蜂、养鸡、养牛，6000 余户贫困家庭稳定脱贫。农民在生态补偿、生态护林员、生态旅游上扩大了就业，得到了扶贫致富的实惠。荔波人的努力奋斗没有白费，保护了 16 万公顷的自然保护地，森林覆盖率一跃而为 72%，这个数字在黔南州位居第二，20 年中上升了 13.6 个百分点。活立木蓄积量、人均蓄积量、人均城市公园绿地高居于全国前列。在离开荔波的时候，传来好消息，广西全省脱贫。

晨光里的樟江一水流蓝，河岸公园里香樟、银杏、桂花树、栾树、杨柳众多，与江水组合成城中的美景。水岸上，芦苇白花摇动，巴茅散着红穗，红蓼棵小小，水麻草丛生，菜畦里已萌生出新芽点点。河水缓缓，一道跌水坝斜向再横向折转拦江，是四十多年前建水轮泵的遗留。水流漫过堤顶三跌而下，一跌如垂帘，二跌向上突涌再跌下，第三跌则顺斜坡呈半圆浪花交叉而下。浪花中碎珠滚落，又与下面白浪相衔接，撩动出下游一池波纹，水草被水流梳理成美妙的长发飘动不已。两个年轻人着泳裤走进水中俯身一跃，畅游河中，那一身的矫健应是荡波人的缩影。

◎ 远眺荔波县城

◎ 荔波花红原生态刺梨基地

◎ 荔波佳荣镇甲料村铁皮石斛种植示范基地

◎ 佳荣镇甲料村食用菌种植致富带头人田正强经理

◎ 佳荣镇甲料村食用菌种植

◎ 荔波瑶山富农生物科技有限公司 20 万亩油茶林基地

◎ 荔波玉屏街道拉芭村蜜柚基地

◎ 荔波朝阳镇亿隆之家农业发展有限公司利用山地资源生产食药保健品，带动村民脱贫

老梅汁

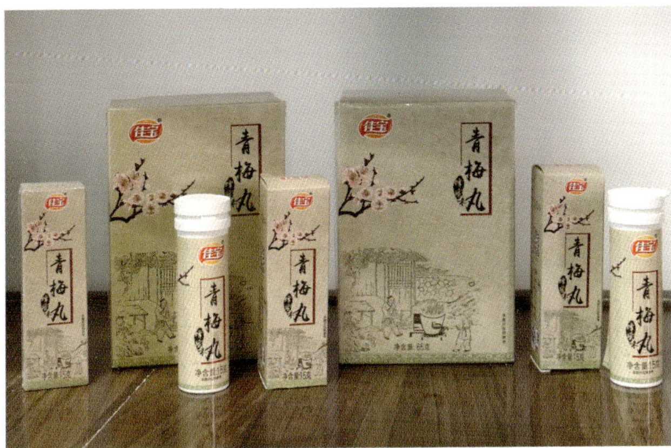
青梅丸
青梅丸
青梅丸
青梅丸
青梅丸
青梅丸
青梅丸

◎ 荔波大土苗寨生态护林员在巡护山林

◎ 荔波朝阳镇洪江村国际艺术村

◎ 荔波曼井村生态景观及少年书法传习班

◎ 作家在荔波佳荣镇甲料村采访铁皮石斛种植户

山　水　如　画　小　康　路

# 风光独秀美荔波

——国家林业和草原局定点扶贫县
荔波生态旅游扶贫侧记

樟江几个美妙的弯转，千年前就为先民临水而居准备了最好的选择。秋深的晨，江水如一道翠绿的绸，静静绕过荔波城。迎着晨光东望，那些山峰或如驼峰、如笔架，或如尖椎、鹰翅、圆乳，无须考究山峰之名，其山之美已让人记忆犹新。已有早起的三个老者在石阶上凝神垂钓，一人近水二人居高。对岸古镇楼阁倒映水中，在波纹里流出些许散乱，水边一女子捣衣声游过岸来。

荔波，因自然生态之美拥有诸多头衔，造物主在这最美喀斯特地貌上造就了中国最美的地方、世界自然遗产地、地球绿宝石的美称。森林之茂，气候之宜，环境之幽，人们候鸟般飞临，享受着生态旅游、森林旅游的静美。

徒步走在小七孔景区卧龙潭边，那潭水被一弯如月的小坝阻挡。碧水由坝上英英苔藓上漫过，在坝壁上自然梳理出一道匀称的垂帘。垂帘是颗颗珠玉相连接，由十余米高处跌落，珠翠跳跃，伴着珠玉落盘清脆宏大的声响。由此喧腾处上行，潭水则出奇地宁静。水呈浅蓝，愈深处又呈浓重的乳蓝。潭水温软地将岸上竹林、山峦融在水里，时而将它们散乱开，时而又让它们清晰露出。潭面自然绘出一片肌肤般褶皱，把水中峰峦林草溶解得几分模糊。浅水处两棵灌木出水而生，如玻璃镜面上置放的两个盆景。此地看水，蓝中有绿，绿中泛蓝。浅水看去，水草柔柔，横木沉沉。黄叶在水面漂浮几枚，引得水下乌黑的游鱼欲行欲止，注目对望。人说，水潭深不可测，有龙卧在潭底，遇夏季山雨齐聚，汇成浪涛沿卧龙河奔涌而下，犹如蛟龙出山。忽见山顶一只鹰隼在盘桓，在它眼中，水潭之形当如一仙子沐浴后向前甩出一缕飘飘长发，优美异常。

在水上森林下行，步步惊诧。流水在千百年古老的小溪里畅快着，水上树木交柯，放肆地伸开枝干，与缠绕的藤条亲昵着，遮蔽了阳光，只有稀疏的光线透枝入水；水下，水与顽石欢歌不已。遇有绿潭，水流缓缓，绕行处，几跌而过。水中有石如巨龟、象背，牛脊、马臀，龟裂处生出几株枝干，想是那枝干已穿透乌石，把根扎进水下的泥土。水流淙淙，由石墩间流过，小心翼翼踏石过溪，石上湿意涩涩地并不滑脚。水下石坡略陡起，溪流则变得湍急，呵呵有声；水流漫过平滩，水下小石乌黑如小龟如幼鳄，或如肥硕娃娃鱼；水流在坡地化作激流，水也由清澈化为雪浪，不可遏止之势冲滩而去。

拉雅瀑布奇特地从一处山林间喷涌出来，分作四股，流泻成几组上小下阔的扇形。激浪磅礴，喧声沸腾，溅起的水珠如密雨铺天盖地，淋湿行人的头脸，带走一身水润的欢笑。山溪变得宽阔起来，水流也平缓许多，一层层地流过 68 层，跌落出浅滩湿地上色彩斑斓的华丽。

终于，一片平阔的水域献出了多姿多彩的奇景。一道七个半圆石孔的小石桥横跨水上，桥面距水不高，人们在平坦的桥面走过，顷刻间就由贵州走向广西。40 米长小桥看似普通得再普通不过，墩石两侧的石缝秀出蓬松的金丝草和杜鹃，让桥墩变得雍容华贵起来。桥面不宽，可容一对情侣牵手并肩而过。桥头两侧几株老树，树干浸在水中。一老干横向在水又倔强上仰，一副古怪奇状，青苔和各色翠草争相贴伏在树干上，为苍老的枝干敷一层绿涂一层美。此处水清碧蓝，桥下游略远处水则变得淡绿。岸边枫香叶红，竹林婆娑。水中游鱼安闲地穿越，沉湎在水中映出的风景里，人影也在水中，难以惊扰鱼族们迟钝的神经。天光浸湿在水中，被倒映的树木青山侵占成窄狭不规则的一片。

传说古时这里还没有桥，两岸山民望水兴叹，难以往来。瑶家有个叫阿吉的神奇小伙子，右手只有一根手指却能戳石为泥。寨子里有七个美丽姑娘，他们合力要在潭上建一座桥。阿吉戳石，姑娘们用石泥砌桥，每人一孔。他们日夜不停，七七四十九天后，一座精美的小七孔桥建成。小桥是七个姑娘建成，桥名也叫七姑桥，从此乡亲们过桥方便了。据考，此桥是清道光十五年所建，至今不足 200 年。不过，人们倒愿意相信神话里的说法。

十年生态保护，十年生态建设，荔波人励精图治，浓缩出秀美山川的精致。那些山林翠草、河湖泉潭、悬瀑激流、平滩田园，组合出奇景美景。山水不负人，人护山水，山水也能倾尽所美，让美景变成财富。景区建设带动了个村庄生态旅游的链条。紧邻的瑶山高桥村，土地入股大小七孔景区，红利分成源源不断。美了山水，美了村民。

瑶山古寨，大绳拉起了一座吊桥，踏着吊桥的桥板扶栏绳过桥，一片浅坡地四周有道干涸的小河。遗迹上浅草掩蔽，石基犹存，可辨别古时瑶山人聚落里房屋、石路、祭祀台。小河对面则是近年建起的新村，新村依山而建，黄墙黑瓦的双层楼房，层叠而上直至山脚。

踩着曾被瑶寨先人踩得已无棱角的石板，感受一代代人走过的艰辛和欢乐。山村人用双手打造出古老的拉片村瑶寨景区。小水潭旁，几个白裤瑶家女子在缝绣百褶裙。一个女子在草地上晾晒，浅蓝底上三道深蓝横线，淡红的裙边现一圈深红底线，绚丽多彩的百褶裙在地上展开如一片片花伞。白裤瑶家女子秀美勤劳，种棉、纺织、缝绘、蜡染、绣制，打扮着民族独特的服装。小水潭里条石铺进了水中，泉水在这里涌出，那是瑶家女子们取水洗衣的场所。水潭连着小溪，溪中长条怪石、浑圆卵石被清泉清洗，溪边小花盛开、香蕉树伸开长叶在舞。小桥跨水，右侧三层的连排楼房已是村民的居所和农家乐。沿左边路行，瑶家的旧居已开发成观光旅游区。巨大的牛头雕塑和两个铜鼓的场坝是瑶家集会之地，牛头上留下的水印见证着瑶寨的悠久。近前细看，铜鼓面雕刻有 12 生肖图案，鼓心一轮放射出 12 条光焰的太阳，鼓边沿有 4 只青蛙朝向鼓心。白裤瑶族牛头铜鼓是瑶族人的图腾，铜鼓是象征着瑶族人具有生命意义的乐器和神物。

草坪上生长着仙人球、仙人掌和仙人树，增添了村寨的古朴。一个女孩在一处水潭上方台阶上写作业，聚精会神，不受行人的干扰。一个画家坐在庭院边小凳上，画板上已用毛笔渲染出一蓬花草。草顶土墙的民宿庭院、小石路、菜畦、竹篱、禾仓，还有瑶王府、圩市、村史馆、染坊、斗鸡场、陀螺场，还原着昔日村寨的风情。黄土筑成的迎宾门，是昔日节日庆典、狩猎祭祀的场所，如今敞开着，迎接八方来客。那古旧的草房木屋前，有村民手持弯刀削着竹片，一条条细如丝线的竹篾轻巧地分刃而出。一旁插地的几株干树枝上悬挂他的杰作，一个个精致的小竹笼、小竹篮、竹葫芦让人喜爱。老奶奶在一栋木楼门上纺线，木杆上晾晒着围裙，如展开的孔雀屏。

山寨之美，也有一支生态护林队伍在默默地巡视着山林，西南林业大学毕业，41 岁的瑶山林业站长潘杰，十年前来到瑶山，守护瑶山 25 万亩山林。全乡 453 个生态护林员，坚守着自己的职责。这些贫困户家庭，加上公益林的补贴、景区打工的收入，今年 10 月已全部脱贫。

荔波最东北部的佳荣镇，在美丽的月亮山南麓，那是樟江的起源地。山下大土苗寨也是另一番景致，群山围绕的苗寨中心是小广场，一条小溪由小石拱桥下流过。苗家的四层木楼修整得宽大结实，灰瓦黄墙，木楼散发出木材的本色。身材结实的老书记龙贵雄带领人们参观大土村史馆，年轻的主任助理龙尚辉陪同讲解。两层的小楼里陈列着苗家人的生活、生产用品，展示着苗家人独有的历史文化。

月亮山一带，昔日也是荔波最穷的山区，不通公路，苗家人世世代代刀耕火种。大土村至 20 世纪 90 年代初生态破坏，山林变成了石漠化荒地，森林锐减，山泉断水，小溪干涸。每年全村人均粮食产量不足 150 公斤、人均纯收入不到 170 元，每年有半年断粮的日子，贫困的山村连温饱都达不到何谈发展。1995 年，龙贵雄回到村里，已是 33 岁的他被选为支书，决心要让大土村苗家人走出贫困的境地。

与贫穷抗争，与偏僻闭塞的大山抗争，龙贵雄这个全村人的主心骨策划出“造林起步，造田饱肚，修路致富”的三部曲。3 万亩荒坡地一片片分到户，责任重如山，栽上杉树必须保种保活。

年复一年，龙书记的决心像钢铁一样，杉树一片片栽活了，山头一个个变绿。造林初战告捷，脚步不能停下。大自然对大土村的赐予也太刻薄了，荒山石多，那时人均不到三分田。有田才有粮，有粮才有全村人的温饱。村两委带领群众挖山造田，没有机械，全靠人工开石取土围田。三年过去，大山周围竟然活生生长出了 470 亩新田，全村人均耕地升为近 1 亩，吃不饱的问题从此不再困扰大土村人。

基本的温饱解决，怎样发展，怎样把山里的山货、农副产品运出去，卖出去。只有修路，修出走出大山的路。开山修路是大事也是艰难事，需要工具需要资金。龙贵雄找到县长，县长同情这个小村支书的热情，但荔波是个捉襟见肘的贫困县，最终的支持只有 15 根钢钎和若干把大铁锤。不等不靠，这个苗家的汉子毅然带着村民进山，摆开了一个大战场。修一条出山的大路真是破天荒的事，男女老少齐上阵，窝棚扎起在山上，男人开山修路，女人做饭送饭。人们吃住在山，常常六七天不回家，寒冷也赶不走热望中的人们。一个冬天过去，一条简易公路终于联通了村外的公路，在月亮山谷里弯弯曲曲地绕行了 11 公里。2000 年，龙贵雄带领村民摆脱贫穷的事迹感动了中国，他光荣地成为全国五一劳动奖章获得者。2007 年，他从就任了 12 年的支书岗位上退下来。新时代荔波吹响了脱贫攻坚的号角，2015 年利用自然优势创建“全域旅游”时，龙贵雄的心再也不能平静。大土村的彻底改变，走一条生态旅游之路才是最理想的途径。作为人大代表，他提议大土村的就地移民搬迁的议案得到采纳。扶贫资金、危改资金、移民搬迁、旅游建设等资金 500 多万元，向这个边远山村拥来。当年 6 月，全村

98 户旧房拆掉，一处崭新的村庄诞生。过去楼下牲畜楼上住人的一楼一底的混居楼，如今已是三楼一底 240 平方米的苗家楼。农家乐办起来了，民宿办起来了。省内外和外国游客不断慕名而来，流连在月亮山麓，流连在这山村苗寨。大土苗寨，公路畅通、安全、硬件完善的“四在农家·美丽乡村”的示范村，全县旅游扶贫的典型村。

巩固乡村生态的成果，村民要走向富裕、走向文明。龙书记倡导了一个最朴素的村规民约：三个一斤。不准擅自砍伐任何一棵树和杂柴，烧火只能用自然干枯的柴火；不准偷牛盗马及酗酒闹事、不尊老爱幼等。如有违反，当事人必须给全村每家一斤米、一斤肉、一斤酒谢罪。新世纪，20 年匆匆过去，大土村竟然没有一个人违反。

2018 年龙贵雄被授予“2018 年最美奋斗者”称号。大土村养殖业和林下经济蓬勃发展，黑木耳、猪、鸡、牛、鱼、蔬菜，还有海花草、魔芋、石斛源源不断地由公路运出大山，全村再无一户贫困户。

荔波走过了贫穷和困苦，迎来新的发展时代。2019 年，近 2200 万游客蜂拥而至，徜徉在樟江大小七孔景区、徜徉在茂兰、瑶山、大土苗寨民族村寨、特色民宿等近 60 个乡村景点。2 万多农民在旅游产业中就业，农民不再遵从“脸朝黄土背朝天”的定式，走上了森林旅游致富的途径，5300 多户贫困户挺起了胸膛走向小康之路。乡村振兴打开了局面，保护森林保护环境不再成为一句空话。林业的兴旺为生态旅游创建起一个炫美的舞台。

没有生态保护怎有生态旅游，荔波处处是风景，容不得一丝一点的污染。保护区遍及全县的山山水水，遍及各乡各镇的村村寨寨。12 个自然保护区建起来了，喀斯特遗产地、茂兰保护区、樟江名胜区、黄江河湿地，还有兰鼎山、五针松、樟江源、三层洞、捞村河谷等，世界自然遗产、国家级、省级县级保护区，密集地织就了一张巨型保护网。全县三分之二区域得到荔波人特别的眷顾。

一个世纪前，当水族儿子邓恩铭走出荔波古城，此后走进嘉兴的那艘红船，与毛泽东等革命先行者组建中国共产党时，他的家乡还是极度贫穷落后的山乡。如今，他走过的山林、街巷，已是日新月异的美城。彩灯齐放的夜晚，荔波古镇散发出美景，深秋凉爽的季节，显示了古镇小街的繁荣。游人熙熙攘攘，一道水渠，行走过玻璃路，看过彩蝶灯，走上金色勾勒的小拱桥，宁静水面闪着幽兰的灯带。如到一家茶店品茗，茶香会伴着你入睡，梦境依然会是荔波的山魂水韵。

◎ 荔波小七孔景区

◎ 荔波瑶山瑶族乡梦柳小镇（一）

◎ 荔波瑶山瑶族乡梦柳小镇（二）

◎ 荔波瑶山瑶族乡梦柳小镇村民制作民俗产品

山　水　如　画　小　康　路

# 走向春天的独山

——国家林业和草原局定点扶贫县独山生态扶贫采风散记

已进立冬节，黔南秋景依然，蔚蓝的天空上出现豹斑状、水纹状流云，轻盈地浮动。天高气爽，路边、田野里散落着掌状的枫叶和枯黄的荒草。远山幽静，环绕独山城区。一大片平坦的原野上，一座浑圆的小山凌然独立，草木遮掩了小山，仅露一片壁立的苍岩。山顶大树遮蔽处隐现出极小的道观，山下草坪微黄，有路环绕。山不高，约有百余米。“山不在高，有仙则灵”，此山因秀美，称作独秀峰。传说徐真君追一条青龙于此，青龙隐身化作独秀峰，徐道人即建殿镇龙于山。小山虽小，却又是独山县称谓的来历。小山向南，地势略低。远看群山迤逦，山下村落沿山脚兴建，独秀峰已列为天洞一景。

独山，古之毋敛国。2000 多年前，西南崇山峻岭中一个夜郎国诞生。毋敛，即为夜郎王国中的一古国，西汉毋敛为牂牁郡属县之一。独山，居云贵高原向广西丘陵过渡的箱状背斜地带，地域奇异，山峻水秀，又是珠江水系的源头。古来也是人才辈出之地，自西汉尹珍至清，一批批著名儒学家、文学家、教育家、书法家、地方官吏，创造了独特的"影山文化"群体现象。独山，南通广西，为镇守南疆的重镇，被称为“西南锁钥”“通海咽喉”。古来，即为布依族、苗族、水族等少数民族聚居地。昔日，偏僻闭塞，贫穷落后纠缠着独山人。20世纪末，摆脱贫穷落后的号角在崇山峻岭中吹响，30多年过去，独山面貌焕然一新。

## 产业基地之丰

董岭村，午后的阳光在蓝天下温馨地投在山岭。立冬日，山里并无一丝寒意。两山间一条水泥公路折转着上山，梯田由山底一层层平行地直上山顶，田壁上枯黄杂草和尚绿的草棵，在西下的光照下显出棕褐。一行行“红美人”柑橘树长势喜人，种植在不太宽的梯状山坡上。这里是称作干河的地方，顾名思义，河沟里无水。昔日，不仅干旱又无公路，村民到麻万镇靠两只脚，要在土路走上两三个钟头。地表水少，地下水的开采也在200米以下，很少的水田依靠上天的雨水。村民常年是饿着一半肚子的，无奈时要以苦荞当粮。2014年，贫困户建档立卡，脱贫攻坚战打响，如战场上阵地的巩固和最后的冲锋。挂职干部与当地干部既是指挥员也是战士，冲锋在前。谋篇布局，因地制宜，林业产业成为扶贫的前沿阵地。龙头企业加合作社，再与基地、农户紧密相加，订单农业的模式，要让农民成为产业扶贫受益者，又能在产业中就业，获得稳定的收入。董岭村这样一个贫困村终于找准了一条产业致富路。全村种植蜂蜜脐橙、板蓝根、罗汉果，村集体收入逐年增长。村社合一的农业合作社成为群众脱贫致富的核心，集体收入用于股民分红、奖励和集体产业的再发展。原来满山坡的灌木丛没有了，焕然变身为1500亩的“红美人”柑橘基地。这里虽然水源较少，但地理、土质、气候等优势也明显，国家林业和草原局的专项资金与专业合作社对接，诞生出这一“红美人”。

“红美人”柑橘的种植，盛果期每亩能产3000斤，将有5%至8%的利润分红给村里，不仅年林地流转收入能增收5万元，还有上千个劳务用工，会给农民带来可观的收益。几年后大量美味的“红美人”柑橘会由这昔日的穷山沟运进城、运进市场。几年前全村已脱贫出列，如今所余的39户也脱贫翻身。

紫林山村路边一处山顶，一个妇女正在摊晒海花草，海花草整整铺开了半个坝子。开来的农用货车停在一边，潮湿的海花草用手麻利地抖散，平铺在地晾晒。这里是杜鹃花海的停车场，春季满山的杜鹃花开了，芳香溢满青山，引来城里人外地人驱车来看花的海洋。深秋，杜鹃花隐在山林里，积蓄着力量，等待明年春天绽放的日子。海花草示范基地建在一片略有坡度的平地上，小畦一条条种植了海花草。右边一片有一人高的遮阴篷，那是对比试验田。基地最上部是一个偌大的水池，水从右边山顶山泉处引来。喷水头打开了，水雾旋转着如雨下落，不多时小畦里一片湿润，畦间的小沟有了积水。轻轻扒开一小片草，海花草淡黄带绿，厚厚地贴地生长，提起一撮，已有十多公分长。紫林山村委会设在甲定村，一条小街上一栋栋木楼装点出民族村寨的特色。在村委会前小广场向周边望去，平缓的平台坡地满是梯田，可以想见这片土地以往稻花飘香的场景。产业的调整，全村种植海花草。梯田里再分出小畦，海花草的黄绿漫染了整个台坡地。全村649户2586人，建档立卡贫困户竟有287户1137人，贫困人口惊人地占全村近半数。如今以海花草为主要产业，贫困户已全部露出脱贫的笑颜。

在万亩茶园基地的停车场，从石阶步步上行，即可登上茶亭，扶栏环览群山。山上山下茶园遍布，茶园由一些森林的山地分割，空隙处茶园相连，村庄即在其中。山顶的茶亭，也是一处生态旅游景点建筑，雄浑的汉代风格，棕色的屋架结构。称作十德亭，由投资茶园的企业家出资兴建，以弘扬茶之德、中华茶文化，祈愿以茶业兴乡而建。

优质刺梨基地坐落在基长镇狮山村，8000 亩刺梨蔓延在大片开阔的山坡，坡地一直向下延伸几公里。此处地名与狮子有关，对面山称为狮光山，一道山脉平行地拉开。山下有村庄，狮山村由狮山、狮光两小村合并。狮山，两座小石山如相向而卧的一对公母狮子，相传是神兽下山落脚在此。刺梨地，树叶落尽，已是一片初冬的萎黄，刺梨枝干用灰白色迎候冬季的寒风来临。枝干向四面张开树冠，枝条上的尖刺防卫着动物的侵扰。偶见残留的刺梨果，在稀疏的绿叶枝下，悬挂出熟透的金黄。有的叶片依然固执地在枝上留恋成紫红，或可能坚持到小雪纷飞时。忽见一棵刺梨枝上竟有一朵盛开的花，七片粉色花瓣，黄蕊灼灼，花朵并不孤单，花下衬托几支对生的绿叶。这是这片地上看到的唯一的刺梨花朵，迟开的花似乎在做着结果的梦。

基地由玉水金山生态旅游开发公司建设，国家林业和草原局刺梨工程技术研究中心实施。山下不宽的小河称作狮然河，水清幽绿透，河边巴茅丛生，有钓者静坐草丛旁。基地十多间简易工房在一片平地上，布依族的董事长岑立文，摆上了“春满园”商标的刺梨汁，金黄色的汁液十分爽口，喝后酸甜回味清香。刺梨维生素 C 含量高于沙棘，美誉为 VC 之王。2016 年，这片土地被流转后开发种植，刺梨这充满野性的果株不负人们的辛劳，两年结果，将进入盛果期，总产预测 800 万公斤。鲜果送都匀销售，鲜汁由镇上厂家代为加工，畅销全国。

可以想见，春季花期时，遍野漫山粉花诱人，赏花的游人络绎不绝，自会陶醉在这万花丛中。秋季，金黄果实带着扎手小刺挂满枝上枝下，每株几百个 10 多公斤金果坠得枝条落地。村民戴上胶手套，手拿夹子在枝条里飞快进出，果实落进小桶，再倒入口袋装上车。土地是流转村民的，全年长期有上百农民在公司种植管理，最忙季节时达 200 多人，其中贫困户就有几十人。他们在熟悉的山地上浇水、施肥、收获。早春二月，又能在山上修剪枝条，让枝型开阔，以最矮的枝身结出最多的果实，农民们离家不远也会拿到不少的报酬。

年轻英俊，已近不惑之年的岑立文，出生在邻县三都农村，兄妹 4 人，家境贫寒。16 岁时，他感到了父母维持家庭生计已不堪重负，作为长子的他初中一毕业，就义无反顾地走进城市，打工学厨师。这个聪明的农家儿子，三年后成为一个好厨师，自己办起了餐饮业，2007 年做了媳妇家的上门女婿。血气方刚敢想敢干的他和媳妇在浙江办起了种植养殖场，200 亩杨梅、5000 多只鸡、1 万多只鸭，梦幻里已走进致富的殿堂。谁知天公没有怜悯这两个年轻人，2008 年，冰雪灾害席卷南方多地，在高山上的养殖场，水电停供、交通阻塞，大部鸡鸭冻死。他们的梦想化作泡影，他们并不灰心，一切从头再来。2009 年，与人合伙开办餐饮，一年后回来经营木材加工。山里的荒山秃岭吸引了他，改变生态环境，让山变青水变绿，变成农民致富的金山银山，成了他最质朴的愿望。2012 年，他承包了林业局的荒山造林项目，2014 年在墨寨种植刺梨 500 亩，一有成功经验，2016 年就向狮山村这片荒山进军。2019 年，荒山不负他和同事们的汗水，基地收获刺梨 130 多吨。2020 年产量翻两番，一跃达到 500 吨之多。

8000 亩山地连着 400 多户 7 个组村民的心，一开始进行流转土地的动员是艰难的，岑立文一户户走进农家，苦口婆心讲解刺梨产业的良好前景，承诺对村民的收益，更重要的是要改变山村面貌。在村民面前，画出了一幅脱贫致富实实在在的蓝图。在县政府、林委、林业局支持下，终于打开了局面，诞生了刺梨公司，也打开了这个奋发努力年轻企业家创业的大门。岑立文的计划是美好的，准备在刺梨地套种 700 亩紫薇、建起特色果园，种植珍珠李、蓝莓、杨梅等四季花果。在狮然河边办生态旅游，建立生态养殖基地，办农家乐、小木屋民宿。刺梨生产达到规模化，建设原汁加工厂。这个全县最大的刺梨基地、龙头企业，已让人刮目相看。岑立文的 3 个合伙人都很年轻，有知识，会管理，一个团结奋进的集体让村民看到了致富的曙光。

无患子基地在拉头村，麻柳河在山下在几座山峰间穿行而去，公路也沿着小河并行。大片的无患子林已有四五米高，大金鼎农业公司投资在这片荒坡，也开发种植下致富的希望，命名“遇上植物”无患子种植基地。无患子树叶将整片山坡染得金黄。树枝上是对生的修长尖叶，黄熟的籽粒已收获，枝梢上尚有一串串无患果。树下掉落的籽粒，黄皱的果皮晶亮，剥开皮黑色籽粒小指头大小，细看长有毛。30 多岁的当地布依族人黎佳鑫是基地的经理，负责这个基地的管理。谈起无患子，这一带原就有无患子原生树木，他家院子里就有一株大树，直径就有 30 多厘米。每年秋季果子成熟，落满院子，都要捡拾起

100 多斤。外婆就用一个小布袋装上一些，在水中泡了搓出沫当肥皂洗衣用。那时几乎家家也都是捡拾山里的无患子来用。

山区的开发，村子已种植上 2000 亩，拉头、丙志村的 10 多户贫困户是公司的长期工，农忙时要有 20 多村民来忙碌。每年 3 月的春季，开始上粪。栽种的无患子树 1 至 2 年就能挂果，无患子结果是不随人意的，遵循大小年定式，上年果实累累，下年就会结果稀疏。10 月下旬至 11 月初，树叶开始变黄时收获的季节就到了。对于人们来说，树木过高不便于攀登采摘，农民摘果是很费功夫的。于是一套发明就在民间应运而生，一棵一米长短的木棍，绑上一个铁钩，往树杈上一挂，双脚登踩在木棍上，扬起树剪，一簌簌果子就掉落下来。

## 生态和谐之美

由山顶公路盘桓慢慢到达山底，再向前就到了紫杉林村达头组，村庄因自然生长着许多珍贵紫杉，成了村名。村庄落在左右耸峙的两山间，只有几十户人家。进村庄，三四层的新楼房之间留有陈旧的木楼，那是农民舍不得拆掉的旧屋，也是村上珍贵的遗留。村巷洁净而安静，有儿童在街边玩耍。石磨、石块在街边垒成装饰，上面刻写“不忘初心”“青山绿水”字样。长满青苔的石墙上方农家的菜坛、小桶、石槽中种有各色花草，粉红的三角梅开得正旺，墙头的狐尾藻放肆地铺展。墙头简明的农村画配着“礼”“信”“忠”的释义，夫妻孩子和乐融融的画上写有“中国好年头，百姓乐翻天”。处处可见小紫杉树，在院落里高过了篱笆。街灯上是小片太阳能板，夜晚当会自放光明。小畦的茶园一片翠绿，一块乌黑的天然巨石一角被扁豆爬满，一个大大的“勤”字刻在上面，配字是“勤劳一日，可得一夜安眠。勤劳一生，可得幸福长眠”。固然，农民的勤才是改变贫困走向幸福最重要的源动力。

千年古紫杉在坡上一小块平地上，这株被称作红豆杉王的大树足有26米之高、树径达1.66米、围径5.2米，需有三人才能合抱，树龄已有上千年。下部主枝干粗壮，中部分出六七个分枝，树冠巨大，遮得住几间屋大的阳光。这株紫杉竟是贵州发现的最大紫杉。数米之外一株大树与它为伴，传说千年前，从远方飞来一对蝴蝶，变做一对童男女。告知村民要在此落地生根，保一方平安，让村民发子发孙，遂变作两株红豆杉。地上红豆落满，村民说，平时常有拾籽的，泡酒喝神清气爽，延年益寿。全村栽种甚多，已为一大有发展前景的经济林。

贫困户杨佑得是50多岁的生态护林员，两个儿子一个孙子。因为贫穷，20年前媳妇无法忍受艰难的生活，甩下他和孩子走了，再也没有回来。他自强不息，一人养大了儿子，政府扶贫盖起了100平方米的安置房。他承担着500亩的护林任务，种植茶树6亩，每年有了稳定的收入，一家人脱贫。像杨佑得一样，40岁的生态护林员韦世忠，全家5口，在帮扶政策下脱贫。没有再等靠要，他说“我不能躺在家中等政府养活，要脱贫致富，还要靠自己的双手。”他带领一些贫困村民进城做建筑，几年过去，村民们脱贫后的腰杆终于挺直了。

去夹缝岩，需要爬过一座大山。车由公路向山顶进发，穿越村庄，再向山下，直至沟底。夹缝岩景区，是在一条幽深的小溪里。潺潺流水在垒石中穿过，已是枯水期，溪流清澈。时有巨石在沟，两山紧逼，峥嵘而起。石上多有千百年来冲刷的浅槽痕迹。山间巨石，应是山上巨石坠落。略深处积为水潭，水呈绿色。举头上望，天光呈为一道缝，顾名思义，夹缝岩之称由此而来。峡谷之上多有岩石，一巨石如犬仰天长啸，阳光打在石上，更如一只金犬。一处水潭深下成盆状，可为天然的澡池。山顶高处，阴影遮蔽了整条沟，石变得幽暗，水变得银亮。走过一段，阳光又投射在沟壑，仰看山巅，有两块岩石组合成一只金鸡状，似在对天鸣唱报晓。溪沟开阔起来，山顶出现几多立石，一石如一个着战袍戴头盔的将军，高大威武，勇猛无比，人称将军石倒也贴切。在一座桥上看水，一块灰石半在水中半在水上，两头尖削竟如一条鲸鱼或是海狮。桥对面有小支流，溪水流来合为一处，大桥与横向小石桥相接成丁字桥。景区已至深处，听前方有水流喧嚣，应是山间瀑布了。生态旅游的开发，昔日人迹罕至的山涧，已成人们观赏度假的幽静处，一条沟已成为村民脱贫之沟、致富之沟。

沿麻万镇乡间公路越过村庄、稻田、山林，来到拉林村杉木林组的一片山林下，这里即是都柳江源头水源地保护区。都柳江，属珠江水系，黔江段支流柳江的上源河。在独山境也称独山江。由这拉林乡附近磨石湾的源头，婉转东北流经三都县、榕江县、从江县，入广西三江县寻江口，进入柳江干流。悠悠 310 公里，落差达 1176 米。拉林村是个较大村庄，1600 户、7000 余人。水源保护区面积 3000 余亩，8 名护林员。大片茶园青翠，水田割稻后露着稻茬，稻草码在田中成一个个小尖山，绿草在水田里萌生。田边，黑棕马在吃草，有农民在菜地里除草。山林里，可见柏树、马尾松、枫香树等诸多树木，浓荫里一条土路伸进山林深处。精干的 52 岁的刘才全是生态护林员，每天要骑摩托行走十多公里的山路巡山。曾经这里砍伐过度，山林被砍光，几十年过去，生态恢复，森林茂密起来。为保护山林、水源，他和一些贫困户搬下了山。大风坪山下，透过松林，可见拉腊水库那一片银亮的水面，这是独山县的水源库，又是独山人一处生命之源。

## 央地扶贫之路

昔日贫困的独山，没有被祖国遗忘。国家林业和草原局，33年中一以贯之接续扶贫。脱贫攻坚战是一场艰苦卓绝的硬战，党中央、国务院号令重如泰山，业务对口优秀的青年党员干部被派出，张明吉、付天恒、李娜、曲佳、洪加晴、赵庆超、刘正祥 7 名干部深入独山，分别在常委副县长、林业局副局长、紫林山村第一书记三个层次挂职工作。帮扶责任指向了生态管护脱贫、林业绿色产业、退耕还林、护林设施建设、生态旅游、技术和人才培训等，国家的支持落到实处。每年争取中央林业政策性投资近 1 亿元，推动独山绿色生态发展和步入小康之路。

脱贫攻坚战中，生态补偿扶贫，全县 161 万亩近半国土面积落实生态公益林管护，每年 1500 万元补助惠及 3 万农户，涉及贫困户 8000 多户。10 万亩禁伐天然商品林、300 余万补偿资金，让 6000 农户受益。50 多个林业建设项目、5 亿多元的投资向独山倾斜注入，仅生态护林员聘用就由 1500 名增至 4050 名，资金也增至每年 4050 万元，惠及贫困人口 12000 多人。生态产业扶贫，精心选准一批富民产业，无患子、茶叶、刺梨、铁皮石斛、油桐、海花草，在 30 多万亩土地中迅速发展，5 家龙头企业落户。促进森林旅游业发展，3000 余户农户受益。5000 多次专家参与的科技培训扶贫，推动大批特色商品林栽植技术的推广。党建引领扶贫，国家林业和草原局优秀党员干部挂职独山，其中 3 名干部先后进入紫林山村，帮扶 800 多万元发展海花草；西北调查规划设计院、中南调查规划设计院、中国林业科学研究院助力帮扶；国家林业和草原局党组、司局领导 100 多人次调研指导。挂职干部把独山当故乡，把贫困群众当亲人，一头扎进独山的山山水水，扶贫初心坚定不移，舍小家顾大家。虽不溢于言表，却已把感人至深的事迹留在了独山群众的心里。

独山 2014 年，全县建档立卡，贫困人口竟达 89984 人。人数多，分布分散，劳力缺乏，贫困户占比如此之高，脱贫攻坚任务艰巨程度如此异常。独山的当家人将脱贫攻坚当作一场战役来打，建立兵团建制，18 个乡镇分成 8 个团，团长由县级一把手领导就任，副县级领导任副团长，县局级一把手任排长，全县 61 个贫困村进驻第一书记。实行军事化责任管理，强化力度达到空前。麻尾镇董岭村委会墙上，一块大牌展开脱贫攻坚“减贫摘帽”作战任务清单，精准管理、产业就业、基础设施、安全住房、综合保障、志智双扶、环境整治七项任务，由 2019 年 1 月至 2020 年 5 月，分列为全面总攻、攻坚、决胜三个阶段。小格子密密麻麻地贴满任务和完成情况红纸。另一面墙上还有挂牌督战责任分解表，明确督战领导、督战部门、责任领导、责任人；还有 2019 年底未脱贫人口基本情况，上有 39 户贫困人口情况和具体帮扶措施，清清楚楚，责任明确。另有一张组织架构图，是 2017 年已出列董岭村尖刀排的 18 个网络图。

生态立县，让“百姓富、生态美”。2012 年来，林地面积增至 249 万亩，森林覆盖率提高到 62.8%，林业产值由 2 亿元增加到 12 亿元，农民林业人均增收近 1200 元。生态旅游方兴未艾，全国十佳生态休闲旅游目的地、国家卫生城名副其实，桂冠辉耀。贫困人口已在这片希望的热土上消失。

独山的山川并没有忘记，1944 年 11 月穷凶极恶的日寇的铁蹄逼近了抗日军事重镇独山。在城南白蜡坡、黑石关一带，1000 余抗日将士与 6000 敌军血战。终因寡不敌众，敌人占领独山。为阻止日军，城北进入两广必经之路的深河桥炸毁，穷途之末的敌军次日撤返。北有卢沟桥，南有深河桥，深河桥成为日寇由此止步败退之英雄桥。傍晚，再过独秀峰，西下的阳光里，山峰西侧被光焰闪亮。平畴旷野，独峰高峻挺立，突兀出傲然的气质。独秀峰怎不就是独山人昂扬奋发精神的图腾。

独山，以独有的魅力走在希望之路；

独山，以奋进的脚步走向明媚春天。

◎ 独山董岭村干河红美人柑橘种植基地

◎ 独山桑麻村茶天堂种植基地

◎ 独山基长镇国家林业和草原局优质刺梨丰产培育科技扶贫示范基地

◎ 独山麻万镇无患子种植基地

◎ 独山紫林山村甲定组，作家采访村民

◎ 独山生态护林员巡视山林

山　水　如　画　小　康　路

# 芳草如茵遍水乡

——国家林业和草原局定点扶贫县
独山紫林山村采风散记

独山县，西汉时称毋敛，雄心勃勃的汉武大帝“平南夷为牂柯郡”，毋敛即为其 17 县中之一。毋敛，“毋”本同“无”，毋敛，是因无水而得名。紫林山村地处独山最远的东北部，是独山森林最茂密处，也是独山县不缺水之地，素有“水乡”之称。在高处俯瞰紫林山村，四周高山耸立，沟深林密，中部则是一片高山区的台地。2014 年，紫杉林村、甲定村、甲西村、达头村四村合建紫林山村。这个国家扶贫开发重点深度贫困村，在 40 多平方公里土地上，有耕地 4600 亩、林地 54000 余亩。649 户近 2600 人，九成是水族。昔日的山区，土地稀少，边远闭塞，交通不便。农民固守着日出而作、日落而息的定式，在穷困中走过一代又一代。农民种植水稻、洋芋、玉米等，产业结构单一，长期在贫困线上徘徊不进。半数以上劳力为求生计外出务工，留守的老人、妇女、儿童就有 180 多人。建档立卡的贫困户多达 287 户 1137 人，44% 以上的贫困率已不是一个小数字。

## 海花草，神奇希望之草

山村虽在高原，但原生即有丰富的海花草。当这一普普通通的杂草进入市场时，它的经济价值和广泛用途让山里人为之惊喜，开始把它作为一项有价值的山货种植，尝试着销售。2009 年，村里已开始有人种植，逐步在山区扩展。高寒山地，有水能种水稻，但并不适宜。海花草则有幸占据了原有的水乡，泛滥开来。国家的扶贫政策，像春风鼓舞着山区，“保湿地，调结构，促增收”思路，为发展海花草产业提供支撑，面积逐年扩展，成支柱产业。在全县开发种植最早、面积最大、技术最成熟，紫林山村已华丽转身为海花草专业村。

隔一道深壑，对山一面平台地上，是海花草示范基地，老乡称这老地名叫排方边。为在山区推广这一脱贫致富的产业，由国家林业和草原局项目扶贫投资。一条山路上山，小公路斜伸至基地顶部，平整的小畦里种满海花草。海花草淡黄中泛绿，踩在上面软绵绵地如地毯，小草杂在其中共生，也好为海花草遮阴。水池、喷灌设施齐备。一个农工到发电机小屋，发动了机器，很快各小畦里喷水头开始喷水，小畦变得湿漉漉。放水的农民有 40 多岁，家就在基地外临近的山路旁。这里原是他的承包地，租给村里做示范基地，还受聘负责基地的管理，自己另外租种 200 亩地种植海花草。说起海花草，他说每年广东的客商来到村子收购，谁出的价格高就会卖给谁。原来家里穷，自己外出打工，2008 年回到村子，种起了海花草，十几年过去，较好的收入已经牢牢拴住了他。由山顶望去，下弦的半月悬挂在天上，与太阳同辉，十分健壮的他一脸欣慰。

海花草，学名泥炭藓，也叫水苔、还魂草，老百姓还给它一个形象的名字叫地毛衣。在紫林山村和许多村庄山林湿地里，自古以来就大量地生长着这种草。谁知这种老百姓司空见惯看似低等的植物，却是草中的宝贝。它是一个吸水的魔王，像海绵一样能够吸收高至自重 26 倍的水分。这一科学的发现，让这种普通的野草身价飞升。加工后可以胜过棉花作伤口止血的敷料，还可用来培养各类花卉和植物苗，生成的泥炭又是上好的肥源，还可作燃料。在中药中早有记载，竟是一味清热明目、止血止痒的良药。海花草在国际上大量使用，经济价值很高。中国野生海花草品种占世界的六分之一，但无序的采摘又破坏了野生资源，湿地生态系统被打乱，保护资源发展人工种植又迫在眉睫。

抓一棵海花草，足有一拃多长，下部看起来已枯萎，茎叶舌形，是卵圆形小枝丛。这种草是雌雄异株的，靠孢子粉传种，雄枝成熟时发出紫红。它的小枝虽小，它们的细胞却是吸水的宝囊，一株株一片片密集的草就是一个吸水的水床、水毯。

在紫林山村委的小广场上，遇见精干的湖北人褚先生，紫林山农业科技开发公司总经理。他已经营海花草产品多年，2019 年来到山村考察，被这里的生产规模吸引，已正式与村委会合作。这个北京工业大学毕业的大学生，放弃房地产投资做起了海花草产业，一心扑在基地建设指导上，扑在与村民生产加工协作上。他对世界海花草市场了如指掌，中国从新西兰、智利进口海花草产品每斤达 100 多元，国内收购海花草仅 10 多元，现还只能做辅料、基料，增值空间很大。村第一书记做了一个课题，引进优良品种，科学种植。褚先生看到了合作的潜力，看到了巨大的市场增值潜力。“国家的扶贫资金是引子，钱要向市场上要。现在 8% 的利润率还不高，深加工才是增值的途径”。与村里合作，他的团队信心十足。

## 海花草，脱贫致富之草

晚秋时节，紫林山村的水田里一片黄绿，村民忙碌着，收获着辛苦管护已两年的海花草。田里小畦沟里浸满了水，一个女子用耙子在田里扒海花草，把厚厚的海花草搂下来转身堆进筐子，耙子过处仅留下了扎根的杂草。小公路伸向了田野，一个约莫 50 岁的妇女担着海花草在小公路上走来，满筐草看起来很轻，水在铁筐下滴答，路上留一道水印，在一条石砌的渠边，放下筐准备晾晒。有人过去试试筐的重量，两手提起扁担，很费力地举到肩上，沉甸甸地像有千斤重，人们好佩服女子的能力。女子笑了，她说：“咱这里的女子都这样。”另一名女子挑着筐过来，这是一对竹筐，比铁筐要大。她一脸笑容，步伐轻盈，一顶布帽下缝有粉红的遮阳布，一件长长的工作裙也是浅红格的。女儿女婿从城里来帮着收获，已晒干的草被收到车上，空出的小公路一侧场地又很快撒满湿草。

副书记吴光仪，这个甲定村合并前的支书，在这里生活了半个世纪，对这方土地了如指掌。过去全村是古旧的木房，穷困的人家买不齐屋顶的瓦，一半瓦一半稻草。一条土石子路通向镇上，每逢赶场，家家挑着菜、背着山货一步步走，30 多里山路从清晨出发要走半天。赶完场买了油盐酱醋、生活用品再挑着背着回来，整整一天就过去了。那时很穷，他在镇上上初中，照毕业照要交 5 元钱，眼巴巴看着父亲在包里翻出了几角钱，家里实在没有钱来交。他指着北面连绵的山，山顶有亭，那是哨棚坳，挨着右边是猴子坡，再过去是打架石。昔时的稻田，今日全是海花草田。走在田边，一块田里出现了一串杂乱的脚印，他说那是野猪来过。生态好了，一些动物如死而复生，又来光顾田园。政府资助，家家修建了新房，几任第一书记来了，带领群众搞产业，大搞海花草，请师傅来培训，打造旅游，村庄面貌已焕然一新。

年过半百的韦老汉，身材瘦小，风吹日晒下的黝黑脸庞上露着笑。他全家三口，有老伴和一个上了大学已在外打工的儿子。原来贫困的家，得到第一书记的关心，时常到他家问寒问暖。贫困并不是依赖的理由，不能躺在政府的怀里过日子。自己有水田 1 亩多，又租种了 10 多亩，全部种上了海花草，2019 年他终于挺直腰杆走出贫困的队伍。他一句肺腑之言是“第一书记对咱群众好啊”，表达的不仅是对第一书记，也是对党和政府的感恩。在田边，他正在插种海花草，剪短的草尖，一把把散开，均匀撒在田畦里，又用木板拍实。这些草尖就是海花草的苗，很快它们就会吸饱水分，茁壮生长，两年过去又是一片片厚厚的草毯。

中等身材的村书记韦世贵，稚嫩的脸上有一双晶亮睿智的眼睛，而立之年的他是山下达头组人。他的童年少年在闭塞的山沟里，从小的愿望就是走出大山，跳出农门。山里的孩子自立能力强，上学时每周要背起 6 斤米和一小罐辣酱，走半天几十里山路去住校。他以优秀的成绩走进黔南师范学院，毕业后只身去了深圳、浙江打工。毕竟是土生土长人，改变家乡面貌的心愿又驱使他回到故土，发展茶叶，做起茶叶加工。2016 年，村里老书记车祸受伤，把他叫到床前，语重心长地动员他说：“咱们村需要你啊，你已是党员，你来做代理村主任吧。”在老书记期盼的眼光前，小韦已没有勇气推脱。贫困人口的脱贫、村庄的发展、产业的规划，全村 2600 人在期待啊，一副重担压在了他的肩上。他体会到工作的难度，但家乡的情怀还是留住了他。他从深圳带回了年轻的团队，由发展茶叶到海花草、养蜂，到旅游产业，一路艰辛，希望在前。家乡在变，村里的路硬化了，家家有了自来水，那些破旧的木头房拆掉了，异地搬迁的村民住进了宽敞结实的新房。年轻的书记信心十足，海花草已注册 3 个系列产品，加工厂即将建成配套生产，品牌产品会做强做大，全域旅游、民宿也会兴旺起来。

原是镇政府驻地的甲定村，街上有各种便民服务店，农信银行、电信、医疗诊所、电商。洒水车停在路边，卫生室宣传栏里张贴有糖尿病预防护理的宣传品。一座装饰精美的农家乐楼檐下，标语是“破釜沉舟背水一战齐攻坚，聚精会神凝心聚力奔小康”。一面墙上写有“住上好房子，过上好日子，养成好习惯，形成好风气”，宣传画十分醒目。公示栏张贴的全县 2020 年建档立卡贫困户脱贫退出公告，1971 户 4111 人，已达到“一达标两不愁三保障”现行脱贫标准。大红印章下的日期是半个多月前的十月。

曾经的民族学校下是一片广场，建成了海花草的收购包装公司。大棚内温度甚高，三层铁网架晾晒着收购的海花草。大棚不怕风雨，海花草在这里几天就能达到干燥的标准，打包出厂。先进的打包机保养一新，随时可开机运转。村委会前，一株十多米高的紫杉树，如村庄蓬勃发展的象征。树旁一块黄石作碑，上刻有“脱贫攻坚利国利民，功在当代利在千秋”。

## 海花草，合力扶持之草

脱贫攻坚进入决战时期，国家林业和草原局规财司与紫林山村开展了党组织共建活动，张明吉、曲佳、刘长祥三人相继出任村第一书记。他们肩负重任，用心用力，倾情帮扶，村党组织夯实了、脱贫志气提升了、自我造血增强了。国家林业和草原局 800 余万元帮扶资金注入，海花草产业蓬勃发展，五年间 50 余亩扩展到 3500 余亩，向全县辐射 8000 余亩，产业基石稳固，产业大厦扶摇直上。

2015 年火热的夏季，张明吉首先来到紫林山村。在黔南这样一个典型的贫困村里，他抓党建、抓项目、抓产业，村庄面貌大变，贫困户大幅度减少。2017 年 8 月，副调研员曲佳，从京城来到 5000 里外山村，上任的第一天，就像张明吉一样扎进村里走家串户，了解每一户贫困户的情况，摸清村情民情。贫困村的工作千头万绪，最重要的要有一支党领导的坚强队伍，带领群众脱贫奔小康。他把自己这个第一书记和村两委班子、驻村尖刀排合兵一处，力量高度融合，推进党建工作。村庄吸纳新鲜血液才能后劲十足，于是一批年轻党员、致富带头人和青年知识分子进入了村支部两委班子。村里 120 余名党员的热情调动起来，覆盖到全村每个角落。紫林山村是典型的高山台地，周边山势险峻，但水源充沛，适于海花草的种植。传统的产业结构经过调整，海花草、茶叶等经济作物发展起来，但依然规模偏小、产销不畅。加快发展速度，成为脱贫攻坚的关键。在悉心指导和热情鼓励下，党员和骨干带头，当年，全村 170 余户村民种植海花草，面积增加到 3000 余亩，年产值一跃达 250 万元，产业优势和经济效益让村民热情高涨。与中国林业科学研究院挂钩，对海花草的草苗培育、种植管理、采收烘干、打包运输，以及精深加工、产销对接和市场拓展等专题实验研究。争取专项资金，形成产研结合格局。海花草也并非一草独秀，茶叶、铁皮石斛、养蜂、乡村旅游等产业蓬勃兴旺，打造一条农旅结合之路。村里的年轻人结束在外打工流浪型的生涯，回乡纷纷参加培训，学习技术，创业发展。一支充满活力、奋发有为的本土生力军逐渐形成。吴光兴就是通过培训的创业典型，种植铁皮石斛 50 亩，带动村民种植，诞生出“紫林仙草”的特色品牌。曲佳因其出色的工作，被中央和国家机关工委授予脱贫攻坚优秀个人。

2019 年 10 月，刘正祥来到村庄，像曲佳一样担起第一书记的担子，接续着曲佳他们脱贫攻坚之路。坚持党的建设不放松，按照一条“强班子、结对子、脱帽子”的工作思路，聚集多方力量，带动贫困人口如期脱贫，引领全体村民增收致富奔小康。加大后备力量培养、开展与国家林业和草原局规财司、西北调查规划设计院、中南林业调查规划设计院等支部共建，确立党总支强化年。全村 4 个党支部，以党组织加公司（合作社）加农户的模式，加快海花草、茶叶、养蜂三大重点产业并进。志智双扶，感恩奋进，那些贫困时代的愚昧被村民抛弃了，扶贫是阶段是促进，自己的路还要自己走。自我管理、自我约束和提升的信心扎根在了村民心底，脱贫攻坚有了坚如磐石般的组织保障。第一书记还通过牵线搭桥，进行人才技能培训，争取产业绿化、民生等项目 6 个，争取精准帮扶经费 568 万元。国家林业和草原局时时关注着紫林山村脱贫攻坚的每一步进程，精准帮扶，人人有责，两年间采购村庄 7 类农副产品，落实资金近 100 万元。

临时作为司机的局党组委员黄明虎连日进山，稳稳地握紧方向盘在盘山道上前进。看似文弱书生，却是一个硬汉。入伍10年，在西藏戍边，为保卫祖国立功。以一名优秀的士官身份退伍后进入县林业局，兼做基层党建工作的他，积极参加扶贫攻坚，协助上级领导调研指导、产业培训，走村下队，走在了扶贫的前线，紫林山村更是他熟悉的扶贫攻坚主战场。

海花草作为全村主导产业，国家林业和草原局先后投入帮扶资金800多万元。种植示范基地为村民做出致富的样板，加工生产线开始运转，让产品顺利向市场进军。提质增效，用心用力也用情，为民解忧解困也解需。海花草在脱贫攻坚中的贡献率高达六成以上，竖立起一棵坚实的产业支柱。全村海花草种植农户近400户，占总农户的62%，人均年增收5000多元。产业发展，催生一个“村社合一”的股份经济合作社，村支两委和合作社进行资源整合，全村2050多名群众在协议上郑重地签上了名字，村民致富奔小康吃了定心丸。

山乡的美丽景色带动旅游业，紫林山已是国家森林公园景区，森林覆盖率高达89%。67公里的森林步道穿行在森林、山溪、田间、村庄。沿甲定村山边的栈道行走，周边的大山高耸挺拔，深壑又下落不见沟底，大山的断裂造就雄奇伟壮的地貌。

从一条阶梯向山下走去，半山间凸起一座孤峰，峰顶一尊蘑菇状的石柱拔地而起。石柱十余米高，状若一个倒立的大印，上有一块略圆大盘，下部较细。仔细数来有石十几层，像人工一层层垒成。但上百吨之石又非人力所为，不由得赞叹大自然的鬼斧神工。这是人们称的天印，传为孙悟空大闹天宫时，玉皇大帝惊慌失措，龙桌上印台印章跌落人间，印章倒立于此，印台落下山沟。东望，十万大山横亘，过深涧，大山顶即是苗岭，看似近在咫尺，下涧再上山已是十几公里之遥。老村民说，过去山林十分茂密，孩子们在这里玩耍，下到山涧里的清溪里摸鱼。20 世纪下半叶，山林砍伐殆尽，20 多年的保护，如今又恢复如初。

山路上一家四口走过来，一对夫妇和他们的老父亲，一个小男孩跑在前头，他们是去看天印的。路口，一对年轻的夫妇倚在栏杆休息，普通的衣装不像城里人。男的说他们是不远的影山镇人，两人今天没事出来玩。如今节假日、双休日来此观光的游客络绎不绝，国庆中秋长假，一夜之间，村委门前小广场，景观布满了 30 多顶小帐篷。

傍晚的阳光在甲定村田野上雕刻出一幅静美的图画，梯田层层，林木郁郁。山路旁桂花树迎接着游客，晚开的花散发出清香。田里收获的女子们红的黄的蓝的，各色花样的衣裳十分醒目。路边木亭里有老人在歇息、儿童在玩耍。山林变得暗绿，又渐渐变作幽蓝，一辆辆装满海花草的三轮车缓缓驶过。

◎ 独山紫林山村台地风光

◎ 独山紫林山村国家林业和草原局帮扶建设的海花草种植基地

独山紫林山村海花草丰产丰收

◎ 独山紫林山村村民忙着收获海花草

◎ 独山紫林山村海花草产业初具规模

山　水　如　画　小　康　路

# 七彩路上走龙胜

——国家林业和草原局定点扶贫县
龙胜生态扶贫采风散记

当那些毛竹、枇杷、桂花树上鸟儿此起彼伏争鸣时，太阳已从东山露出脸庞。空中，一弯残月向上略右。龙胜城的雾景最美，南山口处可见雾起，缓缓向南向西散开。城中的雾袅袅飘浮，依山而起的楼房层层叠叠，时隐时现。雾里河水闪出银亮，羊蹄树上繁花淡红。升空的雾变得有些乌黛，忽又弥漫断离，山脊上的树木如仙班人众的剪影。

龙胜，苗、瑶、侗、壮和汉等民族聚居地。耕地之少，少到“九山半水半分田”的概括却也准确。但山，巍巍壮观，气势磅礴；水，绿水环绕，如龙出山。丰沛的雨水润泽下，千百年来这里的山水养育了龙胜人。作为国家扶贫重点县的龙胜，山高林密，革命老区，也是国家林业和草原局定点扶贫县。1987 年起，30 多年里，国家林业和草原局和自治区各级扶贫队伍一起组成了扶贫大军，着力清除山林中贫困的因子，扶起了一个个贫困山村的脊梁，幸福山村在龙胜大山里星罗棋布。

## 油茶基地的笑声

由城区出发到泗水，桑河在两山间绕行。车从山地爬到山顶，在一片平整的坝子停下。勇爱生态油茶示范基地的周昌勇迎了过来，他壮实的身材，知天命的年龄却毫无一点倦怠之意。军人出身的他转业在地方工作，退休后不甘于在家养尊处优，2012 年他毅然与堂弟周爱国共同出资，兴建这一基地，从名字中各取一字组建“勇爱”为名的油茶基地。作为董事长，从周家村、细门村农民手中租用这片荒山 30 年。开发是艰辛的，一座座荒山挖出石头修成梯田，2015 年早春 2007 亩地全部栽种上油茶树。如今油茶树绿了山，以丰硕的果实回报着这个执着的人。2019 年产鲜果 32 万斤，2020 年达 50 多万斤，以后十几年还将是盛果期。霜降时的金秋时节，130 多人的采收队伍布满山间，一筐筐油茶果背上了平坝。晚收的鲜果晒满了坝子，晒干后油茶果自行裂开成四五瓣，露出黑油油的籽粒。常年有 18 户农民做长期管护工，大部分是贫困户。他算了一笔账，夏季除草、冬季剪枝、春秋施肥、秋季采果，每一项都有明确的劳动报酬。每年支付给 18 户农户的报酬即达 75 万元，平均每户 4 万多元，让农民得到真正的实惠，贫困户不再贫困。他把获得的收益再投入其中，已累计投入资金 1700 多万元。

踏着山后的小路，路边醉鱼草紫花朵朵、千里光黄花灼灼、鬼针草白花艳艳，还有那些叫不上名的草棵摇曳着欢迎人们的光临。一座观景平台前，两棵松树挺拔向上，带有这个军人出身的他不畏艰难勇敢向上的性格。在平台北望，猴山与大林岩相连，巍巍莽莽；东看福坪包沿河延绵，伟壮十足，大山向下伸出了五道山岭，如大虎的巨爪踏在河边。靠河向上，周家村、白西村、水银村，几个村落散开在山间。平台脚下的山是老虎坳，大有雄视四方之势。周昌勇说，在这雄浑的大山里奔波，每天没有疲倦，原有糖尿病，现在血糖降下去了，身体感觉像年轻人一样。他还要在山里种植上火龙果、蓝莓、中草药，还要养鸡，打造一个休闲旅游的景区。下山途中路口，三角梅红得灿烂，一个村民在路边挥镰砍草，他是在此看山的贫困户余老汉。在这里看山已经几年，已经脱贫了。公司培训基地的展示厅在山下，陈列了油茶的产品和宣传图片，大桌上摆放着公司的规划图。习近平总书记在光山县司马光油茶园考察调研的一席话，周昌勇永远记得，“利用荒山推广油茶种植，既促进了群众就近就业，带动了群众脱贫致富，又改善了生态环境，一举多得”。西下的阳光投射在河对岸的大山上部，山影遮掩了山沟、河水和村落，大山的轮廓愈加分明起来。

## 建新村的人鸟情

江底乡建新村，自治区建新自然保护区所在地。黄家寨保护站上的横幅已经陈旧，上面的标语仍十分清晰，“与鸟为邻，与鸟为伍，与鸟共存，与鸟同乐”。保护区有 13 名专业护林员，建新村还选用了 48 名生态护林员，5110 多公顷森林的保护任务，落在他们的肩上。

在公路向右看去，岩山顶巍峨俊秀，山如孔雀开屏。这个自然保护区，每年大批的候鸟飞临歇息、再飞迁。9 至 10 月，成群结队的候鸟遵循着数百万年祖先基因的驱使由北方飞来，4 月又浩浩荡荡由南方飞向北方。候鸟迁徙季节，候鸟是需要中途歇息补充能量的，自古以来保护区地域就是它们的驿站，是迁徙的必经之路。在保护野生飞禽的重要时期，也是护林队伍任务最重的时候，保护区都会再增加 10 人保护候鸟和护林。昔日，盗猎分子猖獗，夜晚，他们潜伏在林间，当候鸟飞过山林，他们打开强光的探照灯照射，惊慌失措的鸟群往往不辨方向撞山而亡。那些斑鸠、白鹭、牛白鹭，还有许多种珍稀鸟儿被残杀。对违法猎杀野生鸟类的严厉打击，保护区始终没有放松，斩断了他们的黑手，捕猎违法行为终于绝迹。

保护区里保护着银杉等珍稀植物，保护着凫羊、黄羊、猕猴、野猪、眼镜王蛇、银环蛇、娃娃鱼、穿山甲，也保护着七彩锦鸡、猫头鹰、野鸭、天鹅、大雁、丹顶鹤等，还有拳头大的彩臂金龟子，那是罕见的一级保护昆虫。几年前，一个从外地打工回来的年轻人，在山溪无意中看见两条眼镜王蛇。像那些贪恋的人一样贼胆包天，生性爱吃蛇的他垂涎三尺，活捉了一条宰杀吃掉。被人拍照举报，一副手铐锁住了他罪恶的双手，终被判刑入监。周边的村民们说“这小子过了嘴巴瘾，判了两三年”。一人被判刑，教育了千百万人，震慑了那些跃跃欲试者的不轨之心。对农民野生动物保护的宣传和培训，潜移默化深入到村民脑海中。昔日，见到野猪会有人追杀，如今有野猪跑到农田里吃庄稼，农民只会轰赶它们再向村里反映。

保护区林路边，当年种植的大百合已收获过，仅有干枯的茎秆上面残留圆形种子。集体山林里，由国家林业和草原局推广的大叶百合种植已有 1000 多亩，村民保护山林，山林也给了他们极好的回报，一村一品的打造，贫困村民由此脱贫。

## 潘内村的剪影

泗水乡潘内村的下边组，各户农家的住房分散在山间。连日天气晴好，深秋时难得的艳阳天。小公路由昔日贫困户村民陈光英家右边经过。一排不锈钢护栏顺坡下去便是她的门前院落。二层木屋扣有新瓦，合金窗户镶有明净的玻璃。房间宽大，有冰箱、彩电、洗衣机和各种生活用品，三辆摩托停放在室内。楼上是住房，从窗户看出去可见对面的几重山岭。大山叫高岩，山下就是平滩河，楼右侧小山叫包木浪。楼前杉树林下的空地，有养鸡小屋，鸡群自由地在林间进进出出，一只红公鸡飞上了棚顶，警惕地观望四周。推开屋前的一道圈门，猪圈里一头肥猪已有 200 多斤。陈光英和丈夫是不久前重组的家庭，原有的陈光英家因贫穷沦为了贫困户。2014 年，政府扶贫资助维修了暴雨损坏的住房。如今勤劳的夫妇承包 4.9 亩耕地、3.1 亩林地，他们不再依赖政府，种植 3 亩水稻，还栽种玉米、红薯，农闲时做些劳务。2017 年已脱贫，依旧是县林业局跟踪帮扶的农户，今年产业奖补的肥料款就达 7500 元。围在火炉旁，夫妻二人谈起脱贫，满心喜悦，感谢党和政府的关心。

潘内村村委会门前，与穿着深蓝工作服的几名护林员见面，他们袖章上是盾牌警徽式的徽章，代表森林的绿色树木、奔流的泉水、围绕的谷穗、五颗星星，还写有广西林政、桂林生态护林员字样。一块小小的徽章，概括了林业生态保护的内涵。在他们的带领下，走在进山巡查路上。磨砺得已无棱角的石块贴着山边铺就，这已是最原始最好走的山路了。山路外侧绿草茵茵，窄窄的水沟流淌着清泉，清泉从山林里流来，也是村庄人的水源。一座木结构的风雨廊桥横跨小溪，桥上望出，秋收后无水的梯田遍布微黄的脊岭，山顶和山坳处都被森林遮掩。梯田几十层上百层，有的修至半山腰，有的直上山顶。有农家的住房点缀山间。大山那边即是已闻名遐迩的龙脊梯田，潘内村的梯田经打造也会引来大批游客。脚下的梯田十分狭窄，有的仅容得下两排秧苗，世世代代的村民就是在这高山上耕作、收获、繁衍生息。每天，护林员们都要走上山间，沿着这些小路巡视，每一片树林、每一片草棵都会得到他们护卫。山溪水不多，但声响在溪中传送。老护林员说，雨季水大时，山泉声势浩大，在桥下奔涌。打开他的一个巡护手册，随意翻看记录日志："11 月 5 日，天气晴，8 时至下午 2 时巡护。"巡护内容包含火警火情、病虫害、盗伐、非法捕猎、破坏森林资源等，记录：新正底正常；11 月 7 日记录：互瑶底正常。进村寨的路边，因有高大的毛竹，陡窄的路也就并不感觉危险。

村委会小广场是村民活动中心，篮球架后有小戏台，台上还留有"中国红瑶·最美泗水第三届红衣节"的背景图。每年农历五月十四，这里要举办红衣节，三个村庄的红瑶男女村民要来这里聚会，跳舞、喝酒，这一天是红瑶族的一大节日。红衣节古代也称作"开耕节""半年节"。

与两名脱贫户谈起家庭的变迁，老粟全家 5 口已脱贫，盖起来新房；老周全家 6 口，脱去了贫困帽子的他很高兴，家里有一辆摩托，明年要买一辆汽车。村里还没通公交，公路以后加宽了就会通公交车了，上镇上、去城里就方便了。一个农民赶着 5 头牛走过广场，牛一副怕人样子，尽量贴着场边走过。村里的年轻人大部分都去了城市打工，但养牛户每年也能有着不低的收入。一张村委会的公告贴在公告栏，那是潘内村春季学期雨露计划补助名单，对 10 名考入中高职的学生实施扶贫补助。戏台左侧有一间屋子是老年活动中心，4 个老人坐在屋子里聊天，茶几上摆放一副民间的下山棋。4 人中有 3 位已 80 岁以上，其中白胡子长髯老汉已经 88 岁。一位看起来较年轻些，他因工伤残疾，右腿安有假肢。每日义务为村里看管这个活动中心。谈起老龄人，他说咱这里山清水秀，村里老年人大多长寿，90 多岁的已有 3 人。

## 六漫村的女书记

薄雾里，对岸的大山在朦胧中，但山下的三门河仍是一道澄绿。六漫村属瓢里镇，2018 年底，中国林业科学研究院产业捐助发展资金 100 万元，六漫村牵头 6 个行政村“抱团”发展，这在全县可是一个率先之举。以六村入股、企业、农户入股相加的模式，联合成立五龙福农业开发专业合作社。

脚下的山坡原为荒山，只有稀疏的杉树、橘树。如今，一尺多高的油茶树种满了这些山头，因杂草清理得干净显出褐黄。国家林业和草原局亚热带林业研究所支持建设，在这里开发了高产油茶苗试验田 133 亩，一条新修的 3 公里长的便道经多个折弯直至山上。油茶苗是优良品种长林 4 号和 40 号，是上年种下的二年生苗，已有稀疏的开花结果，下年就会进入全面结果期。合作社的加工项目涉及贫困户 357 户 1380 人，各村的集体股份会让村民受益，其中劳务用工已让 42 户 162 人脱贫。第一书记刘茜，清秀的面庞，留有齐耳短发，是个精干的女子。2018 年，在广西卫生职业技术学院任专职教师的她主动请缨，派驻到六漫村。带领全村村民发展产业，利用国家扶贫资金建起高产油茶基地和食用菌基地。

五龙福合作社加工车间建在河岸边，晒场上，几个妇女正在分拣油茶果，干裂的果壳被清理一边，油茶果收进小桶。作为国家林业和草原局支持的龙胜县的“扶贫车间”里，全套榨油、灌装设备洁净无尘，车间不仅可以加工茶油，也能加工萝卜干、凤鸡翠鸭、草珊瑚、茶叶、酱制品等。车间里，全手工酱成品盒整齐码放。打开一个盒子，里面是豆瓣酱、辣椒酱、牛肉酱 3 种酱制品的组装，优质的产品已在各地市场畅销。

食用菌生产基地的场院里，一株小叶榕向上伸开十多个分枝，像一柄巨伞遮盖了一片偌大的天地。刘茜走过来，将两个小姑娘揽在一起，拍下一张甜美的合影。黑塑遮阴大网遮挡的大车间里，几个女子正在忙碌地运送菌棒，接种好的菌棒横竖码放成 10 层。女工们抱起菌棒装进塑筐，用平板车拉去种植大棚。不远的大棚里，菌棒交叉摆成几十排，像整装待发的战士。基地 50 多亩土地，投资 200 万元，建有加工厂房、培养厂房、出菇大棚、冷库、烘干房，可加工 100 万菌棒，种植已达 20 万棒。贫困户 40 人在这里上岗，带动周边农民林下种植，一个致富项目带动了 6 个村庄。春季时基础设施正在紧张进行，因疫情紧张，国家资金尚未到位，购置原料急需资金，刘茜心急如焚，自己垫付 3 万元，动员起村干部们纷纷垫付，工程没有停顿。大棚施工时，村民们还并不看好这个项目，来做工的很少。工程绝不能停，刘茜和村干部们一起来工地当起民工。基地的建设，国家的每一分钱都要用在正确的地方，刘茜处处要细心考虑，一个看起来文弱的女子，却是一个刚强的女汉子。推平板车的两个女子说起第一书记：“她为我们操了很多很多的心！”“一次中午，她在工地忙了一上午，我让她到我家吃饭，她没有推辞，她说‘饿了，我去吃一点吧’。”女工们说起来也好心酸、好感动。

龙胜，这个国家级贫困县，农田少，六漫村又是县里贫困的村落，耕地只有 1800 亩，人均 1.77 亩。在刘茜的发展思路里，抓好党建，不仅要让村民尽快脱贫，发展产业，还要综合治理。成立了村干部、党员、退伍军人组成的贫困户服务队，将输血式扶贫变成造血式扶贫、参与式扶贫。让外出打工的村民能返乡就业、就地致富。刘茜刚到六漫村时，听不懂当地土语。她一句句地听，一点点学，后来竟能用龙胜话给群众讲话、上课了。

以往村民农闲就把打牌、喝酒作为消遣。要提升村民精神文明建设，动员村民改变村容村貌，壮族村落不应该是死气沉沉的。刘茜也是用心的人，把村民文化生活活跃起来，率先在村子里搞起了广场舞，组织起中年组、老年组，联合她工作的职业技术学院，每年举办一场“卫职杯广场舞比赛”。2018 年 11 月 10 日这天，职业技术学院一辆大巴车驶进了六漫村，学校的师生们来到这风光秀丽的村庄，和村民一起联欢载歌载舞，年龄最大的已有 79 岁。刘茜为这场村校联欢和广场舞比赛，筹备了几个月。山村里破天荒第一次组织大型活动，村民们无不开心欢腾。每年，刘茜还组织学院和省市级医院专家来为村民义诊两次，村民们不出村子就能免费得到诊病；10 多次邀请专家包括省级著名专家来村考察指导；还组织了少儿才艺比拼，孩子们站在舞台自信地用稚嫩的嗓音朗诵优美的诗歌，用七彩的画笔画出心中最美的山水和愿望；刘茜利用外出志愿服务机会争取到爱心企业资助，组织 5 名留守儿童参加了一次夏令营活动。她自驾车护送孩子们到南宁，孩子们第一次走出山村，看到了城市、看到了外面精彩的世界。七天的营地活动结束，刘茜又带着孩子们从首府倒了地铁、出租车、动车、汽车，才把孩子送返山村。把孩子们送回来那天，已是深夜 12 点多了。孩子们快乐、安全回来，她心里也别提多高兴。

提高村民文明健康水平，提高孩子的家庭教育，也是建设文明村庄的举措。刘茜自动承担起红十字培训师职责，组织大人成立“八桂应急先锋”六漫村社区响应队，这是山村里第一个志愿服务队。还组织少年应急救护技能大比拼、防灾减灾应急演练活动、城里村级侗壮少儿合唱队等，孩子、大人们同台表演、展示。刘茜给村民们讲健康知识、应急救护、反家庭暴力、心理健康。村民们一个个叫她刘老师，不叫她刘书记。村民精神文明开始在潜移默化中形成，一系列送健康、送文化活动，引来优秀企业、医院、爱心人士的帮扶。刘茜用有限的工资资助孩子夏令营、组建服务站，还资助贫困家庭的研究生孩子。一名年轻人与家人吵架出走，刘茜发动人去山里找没有找到，村民的安危牵系着她的心。半夜了刘茜自己要去找，村干部们跟随着她一起去找。那年轻人终于回来了，刘茜才放了心。润物细无声，刘茜用一件件为群众做的身边事，赢得村民的信任。最初时，村干部把刘茜当作“财神爷”，几乎每天都有人找她要钱，修房前道、修鱼池、修水管等，连她回南宁家里的路上，已是夜间 11 点还有人电话找她。把她看作政府钱袋的代言人，依赖的心态好严重。产业的发展，第一书记“拼命三郎”式的作风感动了大家。如今村干部们拧成一股绳，人人都成了带头人。夜晚，村干部会主动到食用菌车间看护菌棒，这是全村致富的希望。快春节时的一次董事会后，6 个村 12 名董事一齐站起来举杯向刘茜敬酒：“刘书记辛苦了！”刘茜从不喝酒，这次她举起了酒杯，眼泪湿润了眼眶。

六漫河谷自古以来就保持了最美的容颜，深秋的河水是宁静的，就连略有激情的涟漪都很少，波光潋滟里只有山林的倒影、蓝空的填充。岸边一二停浮的游船都显出多余，破坏了小河的格局和本色。一座吊桥连接小河两岸，村民说，这条河也有发怒的时候，上年六月，山洪倾泻，河水暴涨，农田受灾，冲毁了吊桥中部的一个桥墩，村干部们组织修复，几天里很快修复。河对面是易地扶贫搬迁的农业园，一片片葡萄和蔬菜、一片片油茶树、一片片优质的小白菜园。刘茜争取了防洪治理工程资金近 2000 万元，对河岸加固修整，防止再次冲毁农田，提升景区景观。河岸边砂石运输车往来，民工们正在施工。一条沿河步行道已修成，在河岸弯转进竹林，河边将是一处极好的旅游地。

六漫村脱贫了，龙胜县脱贫了，刘茜主动延期一年，还要按习近平总书记所要求的，继续巩固脱贫攻坚成效，加快推进乡村振兴衔接建设。在她心目中，像诸多村第一书记一样，“牢记责任，那是国家给的任务”。

走过吊桥，刘茜向坐在屋边的两个老奶奶亲切喊道：“娅娅，你们好！”老人们高兴地扬起了手：“又来了！”

## 尾声

生态扶贫，由国家林业和草原局结出硕果。曾有 18 名干部深入龙胜挂职扶贫，人才、资金、技术、项目和政策源源不断。森林覆盖率跃升接近 82%、活立木蓄积量高达近 1900 万立方米，林业总产值 54 亿元，增长 300 多倍。

翻开 30 多年前龙胜的账册，农民年人均可支配收入只有可怜的 260 元，如今已是 1.2 万元，贫困人口已收进了历史的名册。“生态立县，绿色崛起”，龙胜，以一个新的面貌屹立在祖国西南大山。“中国森林氧吧”“全国森林旅游示范县”“全国文明县城”，一个个世人瞩目的桂冠放出异彩。

夜晚的龙胜城把白日的风光延续，河水把楼宇分作水上水下对称世界。河水由南老城而来，一分为二左右分开。一座拱桥连接了河两岸，投影把桥孔变作彩灯变幻的大眼睛。沙洲、水岸，郁郁林木镀上了彩光。龙胜的夜，也是七彩纷呈。

◎ 龙胜泗水乡勇爱生态油茶示范基地及产品

◎ 龙胜三门镇交其村林下经济种植铁皮石斛和草珊瑚

◎ 龙胜江底乡建新自然保护区生态护林员巡护山林

◎ 龙胜龙脊镇大柳村

◎ 龙胜龙脊镇大柳村罗汉果丰收

◎ 龙胜瓢里镇六曼村国家林业和草原局定点扶贫车间及产品

◎ 瓢里镇六漫村食用菌种植基地

◎ 龙胜瓢里镇六曼村扶贫第一书记深入农户家中摸底调查

◎ 龙胜建新村国家林业和草原局扶贫挂职干部深入农户家中摸底调查，并赠送村民电饭煲

山　水　如　画　小　康　路

# 龙脊之上秀云梯

——国家林业和草原局定点扶贫县
龙胜生态旅游采风散记

森林密实地覆盖了大山顶，在与蓝天衔接处优雅地划出一条轮廓线，向南望去六七层山峰隐约可见。晨雾是最喜欢打扮山林的，让大山变得神奇莫辨，变得浮动飘逸。随着阳光的逼近，雾才带着愤懑的怨气消散隐匿，连几条缥缈的绡纱般的云带也不见踪迹，像是晨起的仙子把它们收去，蔚蓝把山顶的树木也映衬出蓝光。

## 龙脊梯田风光秀

平安村就在山腰的凹陷里，那些黛瓦下三层四层的山寨楼错落出自然美。村庄最高处，一座壮寨的塔楼秀出尖顶。村下的小公路通向右边又一座小村庄龙脊村。许是山村仍在沉睡，无一丝风，村内静谧不见人行，但已闻得鸡鸣声声。

阳光下的山脊已清晰地呈现，人们说这里可看七星伴月，也是九龙五虎之地。细细辨来，确有一块月亮般的水田周有隆起的 7 处山包相围，圆形山包即是星处。九条山脊顺山势而下，山脊如龙，山包如虎。左边一条山脊向下做一个扭曲再向下，梯田顺地势一环环伸开，窄处仅能容一人走过，宽处展开一个三角或一弯月牙。俯瞰，顺山形弯转，梯田也相跟环转，窄窄宽宽里似断似续，或被一条踩出的小径分为两侧，或被一片山林遮住，下望梯田依旧接续着直至山底的河畔。几百级上千级梯田的山脊也如龙之背，卧龙伏山，层层梯田即是龙身的龙鳞龙甲。

深秋收获过的梯田已无庄稼在田，稻秸根茬密集点点，如山里女人冬日里纳出的布鞋底，万万千千密实的针脚又那么均匀。梯田的平顶有烧过的草灰如墨团的涂抹，层层棕褐又如面包的切片叠起。十月是龙脊梯田最美的季节，那时满山稻熟，一层层铺黄涌金，一束束稻穗吸饱大山的营养，顺从地低垂着，等待着农民的收割；深秋里的土褐色梯田又将迎来瑞雪纷飞的日子，那时梯田和山峦覆盖在洁白里，田壁在雪里画出棕褐的条线；春季的梯田是水润的镜面，漫山层层的银亮映照着天之蓝、林之绿；初夏，当秧苗插满梯田，龙脊由银亮变得翠绿，再到碧绿、浓绿。人与自然把四季梯田打扮得五彩斑斓。

一棵粗大的树干立在山顶平台，上书“世界梯田原乡”。树干之侧，写有“历二千三百余载，绵亘__十余万亩，古法耦耕，至今犹现”。龙脊梯田，连片 10700 多亩，最多层达 1100 多级，分层的线条如工笔画家的勾勒，精细之美让人叹为观止。2017 年之秋，被联合国粮农组织评审为“全球重要农业文化遗产”的，就是这龙脊梯田。人与自然组合，创造了这一和谐之美。

踏着田埂土边，辣蓼粉色的花团开得正盛，左边几株峻拔的杉树试图遮挡着人们的视线。踩入田里，黄土松软中有硬朗。

想两千多年前，壮、瑶少数民族的先辈们已在此开荒修田。用最简陋粗笨的锄头，挖去树根、刨出石块，从下而上，一山山、一层层修建出生存相依的田园。锄头做笔，描绘出最精致的平行线。挖田、犁耙、插秧、收割、打谷，脚下的土壤，已浸透了先祖们的汗滴。

国家湿地公园的龙脊梯田，有着 13 座民族村寨，民族风情浓郁。每年，瑶寨的“长发节”“晒衣节”会如期举行；秧田栽种是大事，芒种前后，春雷滚动时，还要举办“梳秧节”，祭祀秧母娘娘，以祈求风调雨顺、五谷丰登；清明、谷雨后春耕时节，还要有“放水节”，源源不断的山水流入梯田，龙脊梯田蓄水栽种。

## 龙脊山里大瑶寨

龙脊镇的大寨村，即大瑶寨景区，山村梯田把山寨围揽在山凹，小山上新建的楼房藏在了林中。一道溪水从村中穿过，马路沿村中心斜伸向山上。两旁的三四层木楼檐下红灯笼悬挂，一街是餐馆、客栈、酒店、民宿，太阳能路灯沿街竖立。村委会门前平坝上，一片金黄，是村民摊开一张张竹席晾晒稻谷。

龙脊梯田国家湿地公园，为创建旅游景观带，政府主导，公司化经营，以补助和分红带动村民耕种梯田。村民以农田入股，依然用传统的耕作，保持农田的原始风貌。水稻由农民收获颗粒归仓，还获得种田补贴和股份分红，一举三得，也打造了最美的梯田景观。围绕梯田湿地公园，农家的木楼纷纷经营旅游服务业，贫困户勤劳致富，已贫困不再。

大寨村，275 户 1127 人，在龙胜县 119 个村庄中原是一个最贫穷村。过去贫困农家，睡的是稻草，无钱买瓦，屋子一半盖的是稻草、是树皮，是“半边铁锅半边屋，半边床板半边窝”的真实写照。人均年纯收入不到 700 元，一年只种一季高秆稻子，一年的粮食收成只够吃半年，村民时常要出去扛木头、扛竹子、打零工维持生计。古话说“九月九，各人田头自己守”，重阳节过后全村就撒开牛羊了。年轻人们早早收了水稻，就外出打工。只剩下老人孩子在家苦守，以往也没有公路，交通不便。

金子，从古以来在人们心中是富贵的象征。大寨村，溪沟里史上是出产黄金之地，也叫金坑。保玉 16 岁时就下沟淘金，每日从早到晚在沟里淘啊冲啊，一个月下来竟也能得到七八克的沙金。1990 年全村人组织去大寨屯的山上开采金矿，一个月后大寨屯不许两边寨子来挖。一个外地老板乘虚而入，以不到 5 万元价格承包下这个山头，挖走了不少金矿。村民痛心疾首：我们守着金子却也是受穷！

2003 年 9 月，在政府发展旅游业的主导下，桂林龙脊旅游有限公司来到了大寨村，与村民协商签订了合作开发协议。2005 年，年轻的潘保玉当选为村委主任。2006 年，金坑红瑶首届“六月六晒衣节”在大瑶寨成功举办，全国各地的摄影家闻风而来，把这瑶家的民俗风情和龙脊梯田美景展示到了国内外，深山的至美一时间扬名天下，游客量逐年增多。几年中，大寨村每年能分得几万元的旅游收入，潘保玉高兴地在自家的大门写上春联“水电路通感恩上级领导，梯田旅游不忘原始祖宗”，横批“春色满园”。

2008 年，潘保玉被推选为大寨村党支部书记。进村的沙石路变成了旅游柏油路，旅游业在龙脊梯田景区全面铺开。奇特的金坑红瑶梯田“大界千层天梯”直上云霄，诸多美景已显露出莫大的引诱力。如何把古老的梯田景观打造得更美，首要的是种好梯田，展示原始的农耕、丰收的图景。把梯田修整维护好需要钱，没有钱怎么办，潘保玉就组织起梯田维护队，这支由党员、积极分子、组长、爱心人士组成的劳动队伍，自愿扛起锄头出工出力，龙脊公司负责一顿午饭。曾任浙江省委书记的习近平说过的“既要绿水青山，又要金山银山”，始终鼓舞着潘保玉。梯田需要水源，水源来自山林，要水源首要的是保护山林。关键时候，林业局支持的 30 万株柳杉运来了。过去野火烧秃了山林，如今大树成林，树多了涵养的水源多了，山绿了，稻田水源充足，再无后顾之忧。保护水源也是保护风景，梯田上是不许在稻田边放牛的。最初，有的村民会带着游客逃票从中牟利，村干部配合公司查堵漏洞，村民骂干部是狗腿子。严加管理之下公司收益日增，村寨的分成逐步提高，年游客达到 80 多万人，分成由 2.5 万到 100 万，再到 700 多万，村民分红得到了最大的实惠。农家兴办的餐饮民宿服务业兴旺起来，家家村民参与民族节的集体活动，还有补贴。以往典型的贫困户潘应芳，2019 年分红达到 5.8 万元，亩均 8900 元。

潘保玉率先在村里办起农家乐，全村很快兴起了 5、6 家，如今全村已有 211 家。建档立卡贫困户 63 户，逐年减少到全部脱贫。以往村民绝对不会想到，如今种田就是种风景，种田人成了景中人。村寨与公司签订了协议，按季节种好梯田，保证游客能看到最好的梯田风景。疫情紧张时，全村最早封村，不图一时的利益。旅游的开发，带动起生态农业，养猪、养鸡鸭、种罗汉果。潘书记又写下一副春联“梯田美景四海宾朋共分享，生态旅游广大民众同受益”，横批“皆大喜欢”，他把春联贴上了村子的歌舞楼。70 多岁的潘有芳，全家 6 口，生活艰难。过去他 4 点起来到龙脊镇，走 70 多里山路，整整一天买盐和其他用品回来，已经天黑。如今 9 口人，借贷 200 万元，建起了三层的民宿楼，由儿子经营。

1971 年出生的潘保玉，1985 年上县中学，家里太穷，每周背上 7 斤米到学校换饭票，玻璃瓶装上一瓶酸菜、辣椒，或是咸鱼、黄豆等，就是最好的下饭菜了。读了初中一个学期因家里太穷，潘保玉辍学回了家，1990 年 10 月，母亲病了，腹痛不已。没有钱去治病，到镇上医院 70 里，母亲忍受着，终于死去了，那时母亲才 40 多岁。家里还剩下父亲和一个妹妹，稚嫩的肩膀承担着家庭的生计。捡来的桐子、芒辛、钩藤等中草药吊在扁担，进镇上换回油盐等东西，到家已是晚上。他打工帮供销社在溪水放木头、担中草药，给人家放牛。一个师傅看到他家里实在穷困，教给他做瓦的工艺。聪明的他又跟老人学草医，村民的跌打损伤开始找他看。一次一个村民被石伤断了一手，断骨扎进胸中。到医院医治要押金 2 万元，无力支付只好回到家找了保玉这个土医生。保玉大胆地用草药治疗，很快医好了那村民的断骨，从此他在村里名声大振。

1999 年，学了木工的保玉跟随乡里 10 个木工到了北京，他穿的是扶贫发给的裤子，又长又大，只好剪短来穿。他们在亚运村中华民族园施工，每天工钱只有 12 元。正逢新中国成立 50 周年大庆，他们登上了长城，那里人山人海。当年也见到龙脊梯田上了国家的展览，触动了保玉：我们龙脊梯田的工程量与长城有一比。他决心回家发展旅游，从此，不在外打工，回到家烧瓦建房。2003 年建起的“金顶阁”和酒店“金梦园”，开始接待游客。金梦园是在老宅基上修建，当时父亲和爷爷都不同意。但他执意兴建，当建好后开业，由此富裕起来，老人才相信儿子的远见。

2004 年，龙脊公司刚刚进村协调龙脊梯田开发旅游，潘保玉作为村委委员，带领村民代表与公司协商。通村公路建设、占用山场、水田种植、景区管理等，一项项细致地研究、议定，其他梯田景区村寨纷纷来到大寨村交流方案。在保玉心目中，国家开发生态旅游，是带动村民脱贫致富的途径，一人富不算富，大家富了才是富。为了改变贫困村的面貌，维护村民的利益，与开发公司必须达到双赢。如今的大寨村，已是共同致富成功的示范村。国内许多村庄开发旅游来到这里学习、交流，大寨村与老挝南波拉帮拉邦夏龙村建立了友好村，还与老挝、泰国的一些村庄进行交流、回访。村民走进一个勤劳致富的新时代。保玉说:“下一步要在传承民族文化上做文章，成立村史馆，展示我们从贫穷落后到脱贫致富奔小康的奋进历程。”

## 大柳村的好风景

龙脊镇大柳村的下柳组是在一个山坳里，村头一方水塘，深秋荷叶依然碧绿，游鱼穿行荷叶中。池塘中一座木凉亭有栈桥接连塘边。左边一条小河，水流在沙洲一侧或两侧畅流，人可踏着水上一片片石块走向对岸。山林幽静，更多的是毛竹摇出风姿。沿小河右岸前行，田地里排排竹竿一人头高，搭架拉起的网绳上是种植的百香果。长藤如瓜藤，叶子大多枯黄，低头望去，小拳头大小的青色果子缀满网架。百香果熟后内瓤和籽酸甜，营养丰富，是南方水果中的名果。前面大片的水果架上，长条状叶子比百香果叶子要小，长藤织成一个绿棚，青绿的果子要小，结得甚多，这是罗汉果。

河滩里行走，踩着河床碎石，岸上的大树向河中倾斜。大树如苍老的负重老人，树干长满寄生草。河边一个女子在喂鸭，水中的鸭群拥上水岸来，捡拾撒开的玉米粒。走进村庄，美人蕉高过了人，尚有顶花鲜红，一丛大丽花把墙壁装点得艳丽。偶见菜畦的芋头，大叶伸展占据一小片土地。迎面走来一个老汉，灰色的夹克随意地穿在身上，他姓廖，以往家里穷，如今三个子女都在城里打工，自己一人在家看管着毛竹林、杉树林。在一间屋子里堆了六七箱罗汉果，准备近日卖出去。他指着房前一大片绿色的藤架，那就是他的罗汉果田。

广场边上坡的平地上，有篮球架、老人健身器材、儿童的滑梯。几个村民在场边用竹片编整篱笆，村庄正在美化，为乡村游、特色游做配套准备。几名村民坐在河边栏杆上聊天，身后的柳下河，清澄的河，也是清凉的河，夏季气候宜人，许多城里人会带着孩子来玩，在河里游水、捉鱼，这里是孩子们快乐的天地。在村子里品尝特色农家饭，还带着山里的特产和好心情满载而归。山里空气清新，人们清心寡欲，长寿老人比比皆是。村里有一个老人明年将满百岁，穷苦了大半生，如今时代的变迁，感到生活的幸福。每天会沿着这条小河走走，有时高兴了拿来网还在河里捞鱼，时常也会上山看林，一路唱着山歌。

侗族人罗仕特，里骆林场场长，被派驻大柳村任第一书记。全村 9 个小组的公路修通，对外 20 多公里的大路联通，村里土路全部硬化，山上引来自来水流进家家户户，肮脏的厕所变得清洁卫生了。争取了上级资金 30 万元，改造村庄面貌，村庄亮化、净化，年年都在变。利用国家林业和草原局帮扶资金，发展毛竹笋用林、大百合、花椒、草珊瑚的主导产业，罗汉果、百香果、金橘种植了4300多亩，一个竹笋加工厂已在规划设计中。

龙脊梯田的开发让村民脱贫走向了小康，大柳村也在规划，大柳的山大柳的水，处处都是美景，更有自己的山乡特色。罗书记和驻村的干部老姚、老杨好有信心，要把村庄打造成“美丽村屯”。

天下奇观的龙脊梯田和国家湿地公园，也是中华民族农耕文明的典藏，已令世界瞩目。龙胜，这一“全国休闲农业和乡村旅游示范县”，丰富绝美的旅游资源，多姿多彩的少数民族风情，让龙胜人拥有更多的自豪。龙胜人，踏着龙脊登临致富的云梯，登上幸福的山峰。

夕阳在柳下河上的山巅抹上一层和暖的阳光，杉林攒秀，万竹向空。小河水声潺潺，带着林木花草的嘱托，带着河滩五彩卵石的叮咛，带着淳朴山里人的期盼，流过山口，奔向山外。

◎ 龙胜龙脊镇大寨村湿地公园（一）

◎ 龙胜龙脊镇大寨村湿地公园（二）

◎ 龙胜龙脊镇大寨村湿地公园（三）

◎ 龙胜大寨村村党支部书记在其开办的农家乐接受作家采访

◎ 龙胜泗水乡潘内村及巡护山林的生态护林员

山　水　如　画　小　康　路

# 扶贫大计在罗城

——国家林业和草原局定点扶贫县
罗城生态扶贫采风散记

深秋一场小雨，让晨间的空气充满潮湿。薄雾萦绕在葫芦山水库的山峦上。一山如雄狮，与湖中小山相望。一座七级宝塔立于山顶处缥缈在雾气中。湖中小水鸭忽地惊飞，双翅在水面拍打出由大到小的水环。路边低垂的柳、高扬的巴茅以及静默的罗汉松，都以自我的风姿迎来新的曙光。

一条巍峨的苗岭山脉横亘在云贵高原，气势磅礴的九万大山南麓，即是罗城。这个仫佬族自治县，或是因了“群峰环绕，罗列如城”得名。旧石器时代属“柳江人”的仫佬族已在此繁衍生息，先秦时为百越民族的一支。宋代开宝年间此地置罗城县，自南朝置黄水县始，已走过 1500 年的岁月。新时代，罗城人在脱贫攻坚的旗帜下，励志图强，贫穷和落后已被罗城收藏进历史的卷册。

## 产业扶贫之力

明亿万亩油茶种植示范区里，女工们正在收摘油茶果。几千亩山坡地上石块相杂，人走在坑坑洼洼的油茶地，深一脚浅一脚，想必当初栽种是很费力的，采摘后的运输更是困难的事。公司投资兴建了 1 万多米机械运输轨道，轨道为单轨，架设到林地的各个部位。一个 2 米长 50 厘米宽车厢筐，启动后可以沿着轨道起伏开到摘果地带，一次能运送四五百斤重量，运输也就变得便捷起来。立冬时，油茶果成熟了，一个个土黄中还带着绿色，有的则变得熟红，在枝条上稠密悬垂。打过荒草的坡地集满枯草，女工们提着小桶或口袋，麻利地在树上寻找果子，瞬息之间，一棵树上的油茶果已摘光。许多树上有果也有花蕾，有的开满了白花，花谢又会结果，来年又会迎来一个丰产年。运输车咔咔地开过来了，女工们把摘好的果子装入塑料袋，背到车边装上车运到晒坝。一天一人能摘三四百斤，能有一笔好收入。

国家林业和草原局支持帮扶，大力发展油茶，2019 年油茶林达到 11 万亩，年产值 2000 多万元，带动建档立卡贫困户 6960 多户，受益人口多达 29000 人。至 2025 年，将达到 30 万亩，成农民增收一大支柱产业。全县已有万亩示范基地 3 个、千亩以上基地 8 个、50 亩以上 90 个。公司与贫困户签订利益分配协议，参与分成。自治区与市县，还出台对种植和新造连片油茶地的给予奖补。

应运而生的明亿农业开发专业合作社，2016 年以来，对贫困户扶贫，可连续分红达 30 年，对 7 个自然屯免费安装引用自来水，帮扶 107 户贫困户提供建材建设新房，为村屯修建产业路 20 多公里，免费提供油茶苗 9 万株，带动周边贫困户种植 1000 余亩。国家林业和草原局科技司、中国林业科学研究院、广西壮族自治区林业科学研究院给予技术支撑。油茶种植示范区，在四把镇里乐村土地上安家，规划种植 1 万亩，已种植 3500 亩，投资 1000 多万元。实行“土地入股、有偿投劳、零投分红”方式发展产业脱贫增收。4 个村 16 个屯 1200 多村民参与，其中贫困户 260 多户承包管理获得报酬，并按油茶收益 5% 分红。

景色旖旎的燕山湖畔有生态园，湖水如一片长条的明镜，在湖中三四小岛处弯转。彼岸七八座小团山的桉树林倒映湖中，林与水亲密地吻合衔接。此岸绿草如茵，一棵冬日大树的雕塑，以一个 Y 形斜立在小山，支撑的斜柱巧妙塑成榕树的气根。逼真的棕色树干，上有一个大型的鸟巢，一只喜鹊守在左边。大树是一个观望台，人们登上去可以在鸟巢里观看四周。一个企业家租赁经营下梧村土地，这周边 3000 多亩的种植养殖区，有高产油茶栽培、构树种养、渔业养殖。专业合作社和农民种植的油茶，以它们洁白的花朵显示它们的繁盛。湖北面、南面各有一处养牛场，以营养丰富的构树叶做牛的饲草。转湖而行，一处坡地上，大片油茶树苗旺盛地生长，这里是燕山湖良种油茶采穗园。这个科技扶贫示范基地，由自治区财政林木良种补助资金扶持兴建。平缓的坡地下有油茶育苗基地的平房，年轻的喷灌工程场长和管理人员来到基地，打开水管，喷水头散开了水雾，密集生长的 100 万株油茶苗湿润在一场细雨里。良种油茶采穗圃 150 亩，投资 148 万元，采用优良无性系和大杯嫁接苗，密植、矮化，亩年产穗芽 20 万个。相邻油茶高产示范基地，营建示范油茶林 500 亩、培育高质量容器苗 5 万株，国家林业和草原局主管，中国林业科学研究院亚热带林业研究所作技术支撑，发展优质高产油茶，从这里看到了全县的希望。

龙岸镇天宝村有一个金玉柚产业示范园。公司瞭望台上，梨形的沙田柚如小足球大小，上口像捏过留有七八条浅痕，黄色的厚皮闪着诱人的亮光。钟伟平总经理切开了几个柚子，把柚子瓣掰开，热情招呼大家品尝。果肉如晶亮的排梳，清香爽口，回味甘甜。沙田柚种植历史悠久，是中国四大名果之一，国际上被誉为“中国珍果”。在柚这一特产中，沙田柚又与福建坪山柚、浙江文旦柚、泰国暹罗蜜橘合称四大名柚。柚子一身是宝，肉是甜美水果，皮可吃或入中药，籽可榨出价格极高的精油。

沙田柚这一良果很适宜在罗城种植，20 世纪 30 年代，沙田柚即在怀群、天河两地上扎根，群众也在房前屋后栽种。60 多年后的 1995 年，县茶叶场、龙岸镇种植 2400 余亩，随后，黄金、小长安等乡镇跟进种植，一时全县达到 25000 多亩，成一大特色产业。1999 年，金玉柚在全国第六届优质柚类评选中拔得头筹，荣获“金杯奖”；2007 年在河池展销会上再摘“优质产品”桂冠。

早在 1995 年，天宝村的金玉柚示范区开始建设。如今，2080 亩沙田柚连片成绿色海洋，平整的土地连着周边的山林、村庄。林间穿行的小公路伸向柚林尽头，包装车间隐在了绿林中。收获后的每株柚树卵圆形的叶片十分油亮，坚硬的树干和小枝曾经驮起几百斤重负。冬季将临，也是它们休养生息的时候。树下遗留了一些落果，多是未能成器自动脱落的小果、瘪果。有村民在那些遒劲的枝干上密叶里寻觅着遗下的果子，竟能有一份不小的二次收获。在收获季，农人穿行在黄灿灿的树下，用长镰轻轻一割，柚子落在手中、落在松软的土地上。红色、白色的网袋装满，扁担挂钩一边一袋挑到车旁。装运车间大棚里，民工们紧张地忙碌，输送带上，柚果一个个上了长长的卡车，运出罗城，运出广西，运向全国各地。

公司、基地、农户相加的模式把农资、技术、质量、销售统一在了一起。残药检验、配肥、防治病虫、储藏达到生产的标准化，所有生产工序一一记录在案。肥料关系水果的品质，猪牛羊粪肥加微量元素的有机肥最佳，土壤缺什么就补什么。农民在这里感受到农业现代化的力量，几千亩地机械施肥四五天告结，一次喷药全场只需要三分钟。

2017 年，桂林人钟伟平接手这片果园，成立俊宏水果种植专业合作社，自信能改造好这片柚子树，打出自己的品牌。钟先生已年过半百，家在桂林，那里即是沙田柚的主产地。家乡一棵沙田柚王树冠广达 1 亩多，年产柚子 4000 斤。做了 30 年沙田柚生产销售的他，2017 年来到这里收购沙田柚时，看到这里管理差、产量低，许多农户砍掉了柚树烧木炭。他很心痛，掷地有声对当地说："我来搞！"随后投资果场，以月工资加分红的模式，将柚子树承包给贫困户和农户，安置固定工 25 户 50 人。这种真诚帮扶让利于民的模式，在罗城是第一家，柚子基地也是县里规模最大的一处。天宝村是扶贫异地安置场，合作社与建档立卡贫困户 120 户 480 人签订劳务协议，年户用工收入 6000 元以上。点花、采摘季节用工，大批群众务工增收。八联村等 8 个村庄 410 万元集体资金注入合作社，村集体获得分红。柚子产量一跃高达 500 万斤以上，规划的 2.2 万亩金玉柚基地由此起步。县政府还整合资金投入 500 万元，脱贫攻坚与生态文明双赢。

在通往牛钻洞屯的三岔路口右旁，一大片橘子树果实累累，一个在农田除草的农妇走来，说这橘子是莫科特品种，另一片橘林是沙糖橘。她随手摘下了几大捧橘子放在沟堰，热情地请大家品尝。她说现在还不到收获季节，但已很甘甜。橘子丰收，她的 100 亩橘子能够有一笔可观的收入。行进的前方，橘林、沃柑林地连延，这一个柑橘的世界，又将迎来一个丰收季。

## 项目扶贫之重

毛木耳生态产业基地，崭新厂房，接种车间、制袋区、拌料区、仓库、办公室齐备，两个生产区间留有宽敞的消防通道。基地位于东门镇大福村一侧，是国家林业和草原局帮扶的生态扶贫产业点。

毛木耳，是美味可口营养价值很高的食用菌。盈垦现代农业发展有限公司开发毛木耳，供应柳州螺蛳粉原料的市场，服务全国螺蛳粉店，用户已达 8000 余家。

公司于 2013 年建设基地，种植、加工、销售于一体。设立有百色、柳州、罗城分公司和郑州、徐州配送中心。

大福村下属 13 个自然屯，830 多户近 3400 人，2015 年建档立卡贫困户 326 户近 1500 人，是深度贫困村。盈垦公司与大福村成立福民种养专业合作社，土地流转，租用火浪屯废弃石场土地 11 亩，建立毛木耳生产加工基地，吸引大福村、勒俄村、榕木村集体资金 300 万元。毛木耳生态产业扶持项目占地 7700 平方米，总投资 1160 万元，带动周边贫困户 150 户 700 多人。龙岸镇、宝坛乡、四把镇毛木耳基地相继建立，带动贫困户 500 户 2000 人脱贫致富，每户年收入 12000 元。

基地堆料场堆放着深褐色的、浅棕色木屑，用来做木耳菌棒；接种室内一排接种箱静等着开工接种；工作间里两名女民工在加工塑料袋，用于生产木耳菌棒。车间机械每天能生产 6 万个菌棒，每年可生产 200 万个。正在安装的锅炉布置在车间外一角，几名民工紧张地忙碌着。成品车间里，堆放的精品木耳丝、干毛木耳产品纸箱放满了一半厂房，等待运出。

总经理莫云峰，百色人，江西师范大学毕业，经营盈垦公司。同学是此村的第一书记，2019 年邀请莫云峰来开发毛木耳。当年他开办了一个小厂，村集体即分红 6 万元，第二年三个村分红 18 万元。罗城有多年种植毛木耳的历史，县、局领导带着他深入到村子考察农户的种植，在国家林业和草原局 700 万资金的支持下，筹资建起了新的生产加工企业。莫云峰每天很忙，这天妻子和孩子、岳父母来到罗城，他没有时间去接他们，只是在高速路出口匆匆见了一面，就和镇里扶贫领导去了山区。在一条小公路上走了很久，寂寥得就像到了地球的尽头，那里是四把镇新安村一个最偏僻的小屯，或许连小屯都算不上。只有三户人家，山沟沟里有着 20 亩耕地，云峰当即拍板帮助他们种植毛木耳，再偏远再困难也要支持他们。他已有 10 年党龄，“企业是社会的，不是自己的。”他如是说。

野生动物养殖场在小长安镇守善村。铁丝围栏里一群黑色的小型猪在自由走动、玩耍，时而跑到竹垄下，时而又到写有“香猪养殖园”的大石前走动。香猪体型较小，其中一只成年母猪看起来不足百斤，肚皮拖在地面，露出两排乳头。这里由驼峰牲畜养殖专业合作社兴建，养殖的环江香猪，竟是珍稀猪种，皮黑而软，不足 20 斤时的幼猪是肉味最香美的时候，古代官府是要作为贡品上贡朝廷的。环江香猪源于环江毛南族县，据传明代即有香猪在环江一带生长。地处十万大山腹地，偏僻的山谷幽静的环境，给香猪提供了一个极好的庇护所，也由此得以繁衍生息。百姓在山里圈养或放养，山间的山藤野菜、薯类杂粮是它们的最爱，香猪的美味保持了山珍的品质。但 20 世纪 60 年代，人们为了温饱饲养大型猪时，小型猪自然遭到摈弃，这一珍稀品种日渐减少。1978 年，科研和畜牧部门挖掘这一品种，科学圈养香猪。香猪进入市场，得到人们的欢迎。1999 年，广西国际民歌节经贸科技商品交易会，环江香猪以其优良品质，名扬国内外市场。

香猪养殖也成了助推脱贫攻坚的特色产业。73 户 219 人贫困户合作入股，每只 30 斤左右猪苗 1600 元，母猪每年生产两窝，每窝 9 至 11 只，每头能获利润 400 至 500 元。本村詹书记对村庄的产业发展很有信心，全村土地近 10 平方公里，耕地 7000 多亩，950 户 3500 人，建档立卡贫困户 1200 人。香猪一年多可出栏，收益高，还有养牛、养鸡；种植优质稻 2600 亩、糖蔗 5000 亩。2017 年全村已脱贫，如今人均可支配收入 11000 多元。第一书记梁一飞谈起扶贫，对脱贫村庄还要按上级精神巩固，村委是最基层的队伍，工作多，乡村振兴，还要衔接下去。

## 生态扶贫之准

小长安镇的民族村建有大风岭中药材示范基地，2014 年成立飞凤种养农民专业合作社，146 户 495 人，其中建档贫困户 37 户 163 人，2020 年剩余的 7 户全部脱贫。2000 亩吴茱萸，以合作社、基地加农户的模式，三个果场组，统一管理经营，产品销往亳州、玉林等市场。2019 年产量 51 万斤，第二年翻番达到 100 万斤，产值 2000 万元。极有希望成为全国最大的中药材示范基地。

观景平台上，民族村主任覃凤琼侃侃而谈，这个干练的女子原在外就业，立志回家乡务农，改变村庄面貌，2011 年就任村干部。民族村是异地搬迁村，新中国成立后的 1956 年搬迁到这里。三个屯，621 户 2240 人。土地 6.6 万亩，耕地 5.4 万亩、林地 3000 亩，村边的黄泥小水库是村庄的水源。在这石漠化土地上，将满山坡的石头清理出来，原种植红薯、玉米，在农业局支持下，种植经济效益高的吴茱萸。春季还在树下种植西瓜、香瓜。一到农闲，发挥建筑工匠多的优势去城里搞建筑业。谈起吴茱萸，覃凤琼如数家珍，最初的种植是在 2011 年，附近一个老板种植了 30 亩吴茱萸，当年价格跌落，不愿再种，全部砍掉。村里去挖来种植，一下死掉大半。他们没有灰心，总结经验继续栽种，2014 年挂果，每斤卖到 150 元，当年就收入 300 万元，每亩收入 8、9 万元，良好的收益让村民振奋起来。村民充分利用土地种植，还在吴茱萸林里间作中药材骨碎补、莪术。覃凤琼自家就种植 200 多亩，亩产 700 斤。全村还种植柑橘、沙田柚、糖蔗等，效益可观。人均可支配收入已 12000 元，远高于全县人均。说起吴茱萸的药效，覃主任引以为豪，6、7月间，南宁工作队来参观，一名队员头晕身体不适，摘了果给他闻了闻，喝点水，当天恢复正常。

黑灰石块圈起的土地上，吴茱萸长成一人高灌木，由根部伸展开十几棵手指粗细的枝条，枝条上对生卵圆叶片绿中有黄。面向水库左侧即是搬迁村组，枯水期水已很少，沙滩的水印可见水旺时的丰满。路边花草蓬蓬，黑边的彩蝶在飞，黄荆丛挺出几支茎秆，小蓝花在晚秋依然夺目。

山间一条公路通向四把镇里乐村村委会，小广场宣传栏里一张护林员管护范围图上，整个林区被圈成了一张网。每个区域有生态护林员的编号和名字，让人一目了然。旁边的表格信息更详细，年龄、性别、管护面积、新聘还是续聘，都清清楚楚。全村 20100 多亩林地，人均护林面积 500 余亩。

村委会二楼正在进行生态护林员培训，这是第四期职业技能培训班，邀请培训学校教员教课。护林员们身着橙色马甲，桌上是《护林工》教材，他们聚精会神听课，手中的笔不时在本子上记下重点。图书室里有国家林业和草原局机关党委捐赠的 94 册图书，涉及了林业、经济带、林权制度、园艺、低碳经济、林业与气候、森林碳汇、以及妇科病、婴幼儿护理等实用读物。

在一张“未脱贫户‘两不愁三保障’动态监测作战表”上，7 个屯 17 户建档立卡、帮扶联系、帮扶措施等情况十分清楚，至 2020 年 9 月，人均收入全部达到脱贫标准以上。常委、副县长李平先来自国家林业和草原局，里乐村是他扶贫的定点村，培训结束，他召集了小组长等十几名护林员在广场座谈。了解他们护林情况、重申当好护林员应有的责任。两年来他多次来到里乐村，许多群众都和他熟悉。村委会前龙头山高耸，如巨人俯瞰着村庄，山坡上是开发种植的毛葡萄，山下一片森林护卫着青山。远山如元宝、如神龟、如猩猩。村委会后面，一座座秀美山峰相连，或雄浑、或陡峭、或圆融，山脚的林木直拥至半山。走进宜安屯，村民的住房整修一新，街道洁净，格外清新。有着 13 个自然屯的里乐村，发展种植毛葡萄 2400 亩、油茶 5000 亩，全村脱贫后开始向新的目标前进。

马六屯的壮族护林员胡愿，个子高高的，朴实的脸上充满坚定的神色。全家 4 口，母亲已 60 岁，不幸的是兄弟 3 人中，哥哥和弟弟都是智障，他一人是全家唯一的劳动力。小学毕业就不得不辍学劳动，种有 6 亩耕地，是低保家庭。2018 年他成为一名生态护林员，36 岁的他愿意多学习知识，走上致富路。他准备将 3 亩水田改成鱼塘，需要投资 5、6 万元，第一书记答应要为他想办法。

罗城的脱贫攻坚打出了重拳，在国家、自治区的支持下，结合实际，一个个生态扶贫项目落地，打造拉动可持续发展的致富产业。百万头生猪养殖场落地在小长安镇双蒙村，这一新希望六和生态种养项目，投资 20 亿元，在 2500 亩土地上，年可生产肥猪 100 万头。广隆牧业现代化万头奶牛场，落地牛毕村，占地 1200 亩，投资 15 亿元，高起点的规模化、现代化、绿色环保化，就业 500 人，间接就业 3 万人。双蒙村的印山万亩富硒稻示范区，注册“仫城硒稻”品牌，“无公害大米”得到产品认证。万亩连片油茶种植基地 12 万亩，带动建档立卡贫困户 6960 多户 2.9 万人脱贫；万亩连片“三特水果”百里长廊里，毛葡萄、金玉柚、优质柑橘、红心猕猴桃等 15 万亩，千亩以上基地 20 个，带动 11 乡镇 82 贫困村 9000 多人口脱贫；万亩双高糖料蔗产业基地，全县种植糖蔗 18.5 万亩，双高糖料蔗 38 个片区 2.4 万亩，年度产量 50.15 万吨，年产值 3 亿元。罗城，中国野生毛葡萄之乡，或将不断增加享有美誉的桂冠。

## 旅游扶贫之兴

木栾屯原生态农庄，是“美丽罗城”乡村建设的示范屯，一条红色的步行道将村后的一片森林串通起来，红木米椎树参天而起，万千争高，林中透下的阳光也就十分吝啬了。米椎树也称米槠树，树木大多在 20 多米高，树干笔直，灰白的菌斑给树干画上花纹，显出树木的苍老。这片森林是面积不大的原始次生林，百年以上树龄者甚多，百年以下树木自然更新弥补着林中的空缺。米椎落果甚多，捡拾在手，小若豆，坚硬油亮。

广东人张道捷，已 52 岁，却像十分壮实的年轻人。妻子是本村人，他随妻子来木栾屯建设农庄。木栾屯，几百年前福建人郑氏看中这处米椎林，买下这片土地。郑氏祖先告诫后人保护这片森林，不得砍伐。一道祖训令村民遵循不二，流传数百载，这片林木得以完整生长至今。

木栾屯仅有 22 户 65 人，土地不足 170 亩，耕地少到仅有 68 亩。土地少，年轻人大多外出务工。2018 年，原生态专业种养合作社成立，土地入股，盘活有限的土地，建设生态旅游农庄。村里一些农户正在修整房屋，洁白的墙上一行“幸福都是奋斗出来的”让人振奋。枇杷树、桂花树在院落里伸出墙来，门前丝瓜架遮出了一片阴凉，顶花在棒槌状的瓜尖露出黄色。芭蕉林伸开长袖般叶片迎接着八方来客，木瓜一层层累叠在树干上，让人担心那树干经不起重负。一座农家乐木结构餐厅，坐在竹椅上可观赏宽阔的草坪。每逢节假日，游客们带着孩子来游玩，沿半圆的鲜花走廊走去，花藤把走廊装饰得十分幽静，锦屏藤悬垂的气生根如红线垂帘，飘忽里轻抚人们的笑脸。一座新建的游泳池已经完工，泳池由小块瓷砖铺成，中间一朵红花绿叶的图案十分浪漫。武阳河就在一旁流去，河水清澈，竹林扫岸，一座公路桥在弯转处横过。河畔花草占据了每一寸河岸空处，小白花像蝶群附着再不愿飞离。在“生活甜美”专项活动中，木栾屯“三变”，村庄集体的土地入股分红、财政允许的资金入股分红、农民土地等资产入股分红。重大变革的“三变”，让“产业富民”的口号落到实处。

这个国家林业和草原局生态旅游产业扶贫项目，中国绿色碳汇基金会提供资金 400 万元，木栾合作社实施，打造一个民族生态旅游示范点。为 50 户建档立卡贫困户提供长期稳定的就业岗位，带动 200 名贫困人口脱贫致富。还可辐射周边村屯 100 多户贫困户，在发展生态旅游附加产业上脱贫增收。武阳河在这里拐了一个大弯，一条公路在村边穿过。墙壁上农民画是载鱼而归、春田插秧，画得好生动。

武阳江景区，是罗城国家地质公园的一部分，江畔建有米椎林度假村，牌楼两侧上有楹联写有“赏景如芳园碧水青山臻境界，寻幽环曲径修篁绿树扫风尘”。景区环境优美，可行舟江上，观武阳江美景。河池市十大创业女性赖秀梅投资开发了景区，打造成四星级休闲度假旅游风景区。依靠生态旅游，两岸村庄贫困户走向了脱贫路。

四把镇棉花村，一个偏僻的小山村，似乎与外界隔绝。山外的生活在吸引山里人，部分人搬迁到水虎生态移民点。脱贫攻坚的力量输入进山村，棉花村 23 个屯路通了，村民们有的易地搬迁，有的危房改造，住进了结实住房，喝上了洁净的饮水。2017 年，以棉花村得名的棉花天坑被悦投集团投资开发成旅游区，特色鲜明的棉花天坑建有天坑大剧场、栈道、悬崖酒店、戏水池、天梯等。附近天然溶洞长生洞，一洞钟乳石奇观令人惊叹。仫佬族村民将土地流转，入股分红。景区内开设的农家乐、民宿让农民增收。贫困户 29 人被安置就业，稳定脱贫。

## 尾声

来到罗城两年的李平先，重病的岳父岳母年近 90 岁。他到罗城没有让老人知道，直到妻子在母亲面前说走了嘴，岳母才知道他已在几千里外的贫困县扶贫两年了。

李平先说："个人困难，每个家庭都有。扶贫攻坚是国家的历史使命，关键时刻到一线来，让身上沾染点浓厚的泥土味，我珍惜这经历。"他的话也是何见、涂翔宇、张英帅几个挂职干部和众多扶贫干部的心声。

葫芦山水库也称成龙湖，湖对面，座立着一代廉吏于成龙纪念馆，这一清代名臣曾任职罗城，清廉爱民。360 多年过去，其廉政事迹和精神落地生根在罗城，激励一代代后来人。

夜晚，湖中彩灯齐放，九折栈桥与石拱桥五彩斑斓，湖中小山明灯闪烁，与夜空上星云相融合。湖岸广场，于成龙雕像挺立，他刚毅的脸上闪出凝重的辉亮。

脱贫之路，罗城换上了新装；脱贫之路，罗城走向了未来。

◎ 余晖下的罗城山脉

◎ 罗城秀美的喀斯特地貌

◎ 夕阳映照罗城龙湖公园

◎ 罗城县四把镇明亿油茶示范基地

◎ 罗城四把镇明亿油茶示范基地油茶果采摘

◎ 罗城龙岸俊宏水果特色产业种植基地

◎ 罗城长安镇燕山湖生态园（油茶园及构树林）

◎ 罗城东门镇大福村国家林业和草原局帮扶建设的毛木耳车间

◎ 罗城长安镇守善村香猪养殖

◎ 罗城小长安镇民族村吴茱萸林下经济种植基地

◎ 罗城四把镇里乐村远眺

◎ 罗城四把镇里乐村生态护林员培训

◎ 罗城生态护林员在里乐村巡护山林

山　水　如　画　小　康　路

# 山水如画有洞天

——国家林业和草原局定点扶贫县
罗城生态旅游扶贫采风散记

武阳江、东小江由九万大山南麓黄峰山、长老山起源，一东一西环揽罗城大地。遇翠峰绕行，看奇山竞秀；逢绿林缓流，望竹木苍郁。蜿蜒出柔软的两条碧玉带，最终殊途同归，向东南汇入柳江。两江支流如繁茂的树枝，串联起江畔那些珍珠般的仫佬族村寨，用甘甜清澈的江水养育勤劳质朴的一代代子民。

米椎树用高峻的身姿聚集在武阳江畔，和许多的花草竹木营造出一个精致的米椎林度假村。园林大门一副楹联引人注目，“赏景入芳园碧水青山臻境界，寻幽环曲径修篁绿树扫风尘”，度假村用以迎接游人。米椎林，曾经的两次劫难让它们记忆犹新，一个甲子前，利斧“嘭嘭”的砍伐声在江边回荡，一棵棵参天的大树轰然倒地，“咔咔”的折断声是它们肢体的惨痛。它们在“大跃进”小高炉的炉膛里焚毁，那些热望被冲天的烟尘带走。2009 年，一场龙卷风袭来，像狰狞的黑龙连根拔去几十棵大树。劫难过后，园林终又恢复了安宁，大自然的自愈超出了人们的想象，大树用浓密的枝叶填补着空间。能与米椎树比高的就是那些一丛丛刺竹，它们上百棵一齐向上 20 余米，再恣肆地散开竹梢。中下部的竹节上生长着弯曲的短刺，粉绿的新竹几乎高于那些深绿的老竿，竹箨在下部脱落。刺竹许是竹类最高大的成员，更比楠竹显得峻拔和充满生机。沿江边一条幽静小路行走，三角梅鲜花在花廊上缠绕，听得鸟鸣声声，林中却无法寻觅它们的身影。小亭上，可见武阳江在此做了一个优雅转身，犹如一个月牙的造型。对山如驼，与姿态各异的群山相望。透过林木看水，一条碧玉般的水色。一棵刺竹倾倒在水上，竹叶与水面不时地相吻；一棵米椎树也弯倒水边，一枝干下垂，如鹿饮水。路旁的墨兰油绿、朱蕉艳红，桂树和诸多花草，蓬蓬勃勃争相引人注目。草坪上落满米椎秋叶，毛葡萄架上黄叶尚在，风干的葡萄串悬挂叶下。一棵米椎树倒地，10 余米处又上弯如勾，一副不甘倒伏跃然崛起的姿态。黄鸡群纷纷站卧在树干上，独处一方的安闲。

江边有长亭，可依栏看江，可品尧山之茶，可品仫佬米酒，也可品尝一桌农家菜饭。码头边的农家店饶有特色，竹编的鱼篓、斗笠、小竹篓、竹筛、小提篮，你会在那里驻足，真想带几个回家。门口晾晒的渔网也想抄起来在河中撒上一网。游船沿着江水缓缓前行，武阳江也是如此地幽静。河岸已被竹林封闭，只有它们轻摇向水的身姿，将水作镜以观婆娑美姿，或浸在水中洗涤绿枝翠叶。更有三五修竹尖梢弯垂水面，如鱼竿悠然地弯下，那钓翁是否藏在那竹丛里呢。倒映在江中的山重复着它们的原型，倒愿那江水成为多棱镜，将那些美曼复制出更多。

前望右边有山尖如锥，如一只巨大的犀牛低首饮水，更贴切的命名就是犀牛山了。左边的一对小山齐立于一山上，如龙角，龙身沿江弯曲，恰是一尾长龙。细看，两龙角又似一对男女，左壮伟是男，右窈窕是女，青春容貌，相看泪眼迷蒙。船行走过，回首望，左女右男两人渐渐挨拢，每日重复着千年之吻，相拥难别，石上树草如长发飘飘，楚楚动人。听船行水中，激起呵呵水声，水面飘落的竹叶随水漂去。右看那山也称观音山，观音静看对山那对情人，或已心生几多怜惜吧。竹林河边，几个洗衣女子边洗边谈，时而笑颜如花。近一道小石桥，游船回转，水波将竹林倒影切割成竖条向后流去。悠悠武阳江流过了千年万年，仫佬族儿女是这母亲河和山川的守护者。一身红裙的赖秀梅女士唱起了山歌，“咿呀喂……树上喜鹊叫喳喳，欢迎游客来我家。没有什么来招待，唱支山歌献大家……”歌声在河川飘荡，引得青山修篁一起来倾听。改革开放，赖秀梅走出了饮食服务公司，创办了餐馆，以诚信和优质荣获“河池十大创业女性”。2008 年，来到武阳河畔，租赁 30 年合北村 400 亩土地，创办米椎林度假村。致富不忘乡亲，安置农户贫困户就业，带动一河两岸村庄 20 多户近百人劳务致富。一个广西精品旅游基地诞生在江畔。

在罗城，棉花天坑也是一处最著名的景区。天坑的奇特之处，在于深陷入地下几百米，是数百万年前大地之神以它的伟力创造，当你沿着坑中石板路下行，无不感叹大自然的鬼斧神工。天坑附近有个偏僻的棉花村，天坑也就随村取名。棉花村名的得来与木棉有关，相传很久很久以前，一只撞山的鸟儿被仫佬族老夫妇救助，这是只天上神鸟凤凰。玉帝责怪凤凰，迁怒于人，遂在仫佬山乡连下九九八十一天暴雨。凤凰拔羽变作木棉树，人们爬到树上躲避洪水，木棉随水长高，人们躲过了灾难。凤凰借来神箭，射出一个大坑，洪水由大坑通向南海。洪水消退，从此人们过上平安的日子。木棉成为仫佬族人最为爱护的树木，村名成了棉花村。

天坑虽是山地一个坑，却是一个巨型的坑。专家说，天坑是地下暗河长期腐蚀造成地下巨大空洞，而后地表悬空大面积坍塌所致。参天树木埋怨着当初鸟儿衔来种子扔在这坑里，也埋怨风把它们生命的种子吹来。阔叶的豆树、鸭脚木、桤木、紫薇，诸多珍稀树木来此聚会，长藤、修竹以及芭蕉也都来与树木花草济济一堂，努力向上生长，仰望圆圆的天光。

天坑越走越深时，出现一个搭起的半圆大平台，背墙有巨大的银屏，平台上绿色的舞台，两侧的灯光架上悬挂了八串红灯笼，这是天坑大剧场。旅游旺季的夜晚，仫佬族青年男女们汇聚而来，在这里载歌载舞，彩灯交织。仫佬族风情大型歌舞剧在这里演出，游人和山崖栈道上的游客一起欣赏，天坑成为一个巨大的聚音大厅，美妙歌声绕岩不绝。

向下至天坑底部平台已无路可行。下望几十米最深处那里是狭窄的洞穴。岩石黝黑，裂缝很多，岩壁是一道雨水冲刷过的大壁沟，向上直到 4 条栈道下方。岩石横向层层，上有浅窝，如兽头、兽脚印。仍有苔藓、绿藤、灌木接收着有限的阳光。寄生的草、藤与古树同生死共命运。上望，天坑已是一面洞口，人一如坐井观天的青蛙，此时已感觉了阳光的可贵。那圆形的天光是一洞中植物生灵的崇拜，维系着它们生命的延续。天坑口，两道拉直的线是天梯，一人如蚁，正在慢慢走过。

天坑向上攀登比向下行走要艰难，几十株竹子一并倒伏在石阶上空，行人须低首而过，竹上的水珠会滴上你的头。一侧陡峭山岩可见垒石的层层印痕，岩面凹凸，这里是攀岩的好地方。一条草龙立在岩石边，稻草扎成的草龙红眼蓝须巨口也好生动。行走在玻璃栈道上，下望石壁陡直，深不可测，人如悬空，难免惊心动魄。山岩上扶栏看天坑尽收眼底。顶上悬崖边，竟有一个椭圆形戏水池。夏日炎炎时，人们可在此戏水，感受亲水的清凉，探头下望，也会心惊胆战。天梯由此横跨天坑，有女子扶着护栏绳慢慢前行，几十米后慌忙调转而回，毕竟天梯太长太高，胆小者只好知难而退。

离天坑不远处有一个长生洞，倾斜的洞口有10余米高，洞前一座凤凰雕塑，展翅扬尾，栩栩如生。传说凤凰在这洞里涅槃重生，是仫佬族祈福的图腾。万千年来洞中珍藏了众多美景，此时方展现给人类。大自然用它细心的手把静止凝固的景物赋予了生命。迎宾洞里，彩灯把石板路照亮，张灯结彩，众多的仙子迎接来宾；一座仙山如塔，塔身层层叠叠如云梯向上；一处清澈透明的池水，俨然圣洁的天池，人不忍投去一片石子；一泓平静水面上长出粗壮挺立梧桐，绿叶笼罩，树下一对夫妻相对私语；红蓝光影下，金帘飞瀑，壁为金帘瀑若游丝，一泻飞流；长生圣殿里自然是仙山琼阁，蓝天为幕，红光普照；千年石棺，一长条巨石如棺，中有一道斜向裂缝，这是仫佬族人崇拜之地，千百年来每年都会来此祭祀。石棺又与凤凰之死相联系，凤凰身死，仫佬族人把凤凰葬在长生洞。日久天长，洞穴里竟现出一具石棺。千年后，仫佬族人又遭怪兽侵扰，凤凰破棺而出，化作白衣白甲姑娘，骑白马大战怪兽，最终驱走怪兽。仫佬族人始得五谷丰登，安居乐业。人们到此都要摸一摸，祈望儿孙人才辈出。洞中的繁华，精彩绝伦，人们极力把溶洞打造成一处仙境，寄托仫佬族人对幸福生活的向往。

长生洞外，满山的毛葡萄架在石山狭窄的土壤里布满了山坡，昔日山区耕地甚少，人们种植毛葡萄、吴茱萸增加收益。山坳里仫佬族的民居修整一新，公司将一些搬迁后的民房集中开发民宿，黑瓦黄墙，爬山虎爬上了屋顶，既有民族家具的陈设，也有现代的起居室装修。旺季的日子，游客住满每一处院落，吃上几顿仫佬族农家饭，在山间与仫佬族人们度过幽静的假日。

天坑之上，有新建的十几栋民族房舍，那是悬崖酒店。不妨住上一晚，体验悬空般的刺激。棉花天坑度假区几年前开发建设，与扶贫攻坚生态乡村建设结合，以旅游为核心，带动棉花村 23 个自然屯 1670 人致富。与公司合作开发，土地入股分红、开发农家客栈；开发特色产业，毛葡萄种植、酿酒、种植中草药、养殖竹鼠。优先安置贫困户做旅游服务，集体资金投入公司参与入股。当初的 280 多贫困户 1130 多人已整体脱贫，村民们的信心是整体奔进小康。

在仫佬族村寨，遇一个吉日，你可以和仫佬族村民们一齐过依饭节。在那一个隆重的节日里，仫佬族人女着红装、男着蓝服，穿戴一新的男女青年们喜笑颜开，手捧一束束扎红绸的金黄谷穗摆上祭台，祈求五谷丰登，人丁平安，六畜兴旺；在仫佬族村寨，你可以看到男女青年舞草龙，那竹子和草秸扎起的几条草龙在他们身边飞舞、穿行、旋转、腾跃，锣鼓喧天，鞭炮鸣放，祈福龙神的保佑；在仫佬村寨，又可和青少年们一起抢竹球，手抛脚踢，奔跑投篮，出一身热汗，玩一场欢乐；你还会在中秋月圆时，跟随仫佬族的男女青年，去看一看走坡节，听歌手对歌，看龙灯炫舞、彩狮翻腾，凑近人圈看雄鸡扬冠怒目争斗，混在人众抢一抢花炮。最好悄悄跟到山坡，绿荫浓浓处、淙淙溪水旁，听花伞下着仫佬盛装的男女你一段我一段悠悠对歌，以歌传情，相探意中人；在仫佬族村寨，或许你会赶上一场迎亲的婚礼，听拦门歌，看抬花轿、闹堂歌、背新娘，仫佬族最喜庆的莫过于一生最重要的婚礼了。

罗城生态旅游区，以特有模式把村民利益和地方发展捆绑在一起。仫佬族人在这片土地上生息繁衍，与各民族一起创造了悠久的文明。在仫佬、壮、汉、苗、瑶、侗等 12 个民族中，三人中就有一人是仫佬族。大自然用喀斯特地貌造就了绚丽的岩石、林立的奇峰、精美的溶洞、流淌不息的地下河，把一片旖旎的山水赐给了罗城。“三尖”是罗城人引为自豪的自然人文，山头尖，罗城山似剑排，奇状多姿；筷头尖，罗城美食众多，风味独特；笔头尖，罗城文人荟萃，地灵人杰。丰富的自然景观为生态旅游提供了资源，几十年中，罗城人以固有的坚韧和决心，着力于天然林保护、退耕还林、石漠化治理，让绿色覆盖上每一片土地。大自然也倾情回报，把如诗如画的绿水青山还给了罗城。罗城人珍惜每一座山，每一道水，在 2658 平方公里的大地上营造着生态旅游的至境。

除武阳江畔的米椎林、棉花村的大天坑外，你还一定去看怀群乡剑江，两岸群峰之奇，猛者如狮如虎，文者如仙如神，羽者若孔雀鸳鸯；山谷参天古木，瀑布飞泉，天门大开让你仰首惊叹，古榕伟壮让人自愧渺小；江水婉曲流蓝，清澄洗石，竹阴投水，百鸟和歌。或也应去水上相思林中，与清泉共激情，和碧潭映风姿。甚或采上一串红豆，带给亲人带给朋友。

当群山以无比俊秀的峰峦托举着夕阳时，也是一天中最美好的时光，太阳用最柔和的光焰抚慰着河流山川、田野森林。走过青青茶地，走过密密蔗林，走过黄黄橘园，绕过山，跨过水，一条小公路斜伸向刘三姐的故乡蓝靛村。耳畔似乎传来这位民间歌仙的歌声：“唱山歌，这边唱来那边和，山歌好似春江水，哪怕滩险湾又多……。”在这千年仫佬之地，怎不会陶醉。

◎ 罗城棉花天坑生态旅游景区带动农民脱贫

◎ 罗城武阳江米椎林生态旅游示范景区

◎ 罗城小长安镇木栾屯特色旅游示范景区